RENATE RASCH

Offene Aufgaben für individuelles Lernen im Mathematikunterricht der Grundschule 3+4

Aufgabenbeispiele und Schülerbearbeitungen

Lernbuchverlag | Kallmeyer

Bibliografische Information der Deutschen Bibliothek:
Die Deutsche Bibliothek verzeichnet diese Publikation in der Deutschen Nationalbibliografie; detaillierte bibliografische Daten sind im Internet über http://dnb.ddb.de abrufbar.

IMPRESSUM

Renate Rasch
Offene Aufgaben für individuelles Lernen im Mathematikunterricht der Grundschule 3+4
1. Auflage 2007

Erhard Friedrich Verlag GmbH
D-30926 Seelze

Redaktion: Gaby Stentenbach
Realisation: Friedrich Medien-Gestaltung
Druck: Jütte-Messedruck Leipzig GmbH. Printed in Germany.

ISBN 13: 978-3-7800-8003-5

ZAHLEN UND ZAHLENBEZIEHUNGEN

KV	Name der Aufgabe	Einsatzzeitpunkt	Seite
Z7	Finde Zahlen, die du durch viele andere teilen kannst.	November	**30**
Z8	Finde Zahlen, die du nicht durch andere teilen kannst (außer durch 1 und sich selbst). Probiere. Suche.	November	**32**
Z9	Suche Zahlen, die man durch 4 teilen kann.	Januar	**38**
Z10	Schreibe die größten Zahlen auf, die du lesen kannst. Schreibe die Namen dieser Zahlen dazu. Von welchen Zahlen kennst du die Namen, kannst sie aber noch nicht schreiben? Schreibe auch diese Namen auf.	Februar	**44**
Z11	Schreibe Zahlen auf, die sich durch 2 und 3 teilen lassen.	April	**46**
Z12	Finde Zahlen, die sich durch viele andere teilen lassen. Schreibe die Teiler dazu.	Dezember	**72**
Z13	Finde immer 3 Zahlen, die gut zusammen passen. Schreibe auf, warum das deiner Meinung nach so ist.	Januar	**76**
Z14	„Eine Million? Wie viel ist das, das kann ich mir nicht vorstellen?“, sagt ein Kind. Wie würdest du es erklären? Schreibe auf.	Juni	**84**

■ **Klasse 3**

■ **Klasse 4**

RECHNEN

	KV	Name der Aufgabe	Einsatzzeitpunkt	Seite
Klasse 3	R16	Schreibe Rechnungen, die 1.000 ergeben.	September	**20**
	R17	Bilde Subtraktionsaufgaben. Beginne immer mit 1.000.	Oktober	**24**
	R18	Bilde Rechenaufgaben aus folgenden Zahlen: 344, 86, 70, 1.002, 300, 1, 0, 54, 671, 4.322, 100, 99, 34, 450. Wähle aus.	Oktober	**28**
	R19	Deine Startzahl ist 24. Bilde damit Aufgaben.	Januar	**40**
	R20	Nimm eine große Zahl. Rechne so, dass sich deine Ausgangszahl verkleinert.	Februar	**42**
	R21	Schreibe Divisionsaufgaben auf, die für dich nicht ganz leicht sind.	Mai	**50**
	R22	Schreibe Multiplikationsaufgaben, die du schon kannst.	Mai	**52**
	R23	Rechne einige der folgenden Aufgaben im Kopf, halbschriftlich oder schriftlich. Wähle aus. 4 x 386; 3.009 + 425 + 610; …	Juni	**54**
Klasse 4	R24	Schreibe Rechnungen, die eine Million ergeben.	Oktober	**64**
	R25	Suche dir eine Zahl, mit der du gern einmal rechnen würdest. Rechne verschiedene Aufgaben mit dieser Zahl.	November	**68**
	R26	Im Land der Abrafaxe leben die klugen Rechner. Sie können im Kopf so schnell rechnen wir Maschinen. Notiere schwierige Kopfrechnungen. Wie weit kommst du im Kopf?	März	**78**

SACHRECHNEN

KV	Name der Aufgabe	Einsatzzeitpunkt	Seite
S14	Rechne Zeiten aus, die für dich wichtig sind.	Oktober	22
S15	Schreibe Sachaufgaben zum Bild.	Oktober	26
S16	Schreibe für Kinder einer 2. Klasse eine Sachaufgabe. Du kannst auswählen: A: Die Kinder sollen malnehmen. B: Die Kinder sollen teilen. C: Die Kinder sollen addieren. D: Die Kinder sollen subtrahieren.	Dezember	36
S17	Es gibt Tiere mit 2, 4, 6 oder mehr Beinen. Versuche, zu diesem Inhalt eine knifflige Rechengeschichte zu schreiben.	April	48
S18	Schreibe Textaufgaben. Wähle aus: A: Die Kinder sollen teilen. B: Die Kinder sollen malnehmen. C: Die Kinder sollen addieren. D: Die Kinder sollen subtrahieren.	Oktober	62
S19	Schreibe Längen auf, die du kennst. Schreibe Gewichte auf, die du kennst.	Dezember	74
S20	Schreibe Rechentexte zum Teilen.	Mai	82

■ Klasse 3 (S14–S17)

■ Klasse 4 (S18–S20)

GEOMETRIE UND GRÖSSEN

■ Klasse 3

■ Klasse 4

KV	Name der Aufgabe	Einsatzzeitpunkt	Seite
G3	Zeichne geometrische Flächen und Körper, die du kennst. Schreibe jeweils den Namen dazu.	September	**18**
G4	Zeichne Figuren, die symmetrisch sind.	Dezember	**34**
G5	Zeichne geometrische Figuren und Körper, die du kennst. Schreibe jeweils den Namen dazu.	September	**60**
G6	Zeichne Figuren und Darstellungen, die symmetrisch sind.	Oktober	**66**
G7	Zeichne eine Figur und zerlege sie in Teile. Zeichne neue Figuren, die aus diesen Teilen bestehen.	November	**70**
G8	Zeichne große und kleine Quadrate auf dein Blatt. Zerlege die Quadrate so, dass Muster entstehen. Male farbig aus oder schwarz-weiß.	April	**80**

Die tägliche Unterrichtspraxis macht es immer wieder sichtbar: Kinder lernen von verschiedenen Vorraussetzungen aus. Die einen können fast spielerisch Zahlenbeziehungen knüpfen und diese Fähigkeit beim Rechnen optimal einsetzen. Sie erreichen eine Kopfrechenleistung, die es ihnen ermöglicht, auch aus komplexeren Aufgaben schnell und sicher überschaubare Teilaufgaben herauszufiltern. Anderen Kindern werden Beziehungen zwischen Zahlen viel weniger bewusst. Sie haben Mühe, Strukturen in Zahlen zu erkennen und beim Rechnen zu nutzen. Die Unterschiede zwischen den Lernenden veranlassen bei der täglichen Unterrichtsarbeit immer wieder zu Überlegungen, wie das Lernen ausgehend von den individuellen Lernvoraussetzungen organisiert werden kann.

Über die Öffnung von Aufgaben werden die Zugriffsmöglichkeiten auf Unterrichtsinhalte für die Lernenden variabler. Sie erhalten die Möglichkeit, auf ihrem tatsächlichen Leistungsniveau zu arbeiten. Aufgabenstellungen, die diesen offenen Zugriff auf mathematische Inhalte ermöglichen, sollen hier vorgestellt werden. Im Rahmen eines Projektes wurden über mehrere Schuljahre hinweg offene Aufgaben eingesetzt und die Auswirkungen auf das Lernen der Kinder beobachtet. Die dargestellten Schülerbeispiele machen deutlich, wie spezifisches mathematisches Leistungsvermögen zur Wirkung kommen kann. Ein Ausgangspunkt für die Erprobung der Aufgaben waren Überlegungen, die eng mit den Lehr- und Lernformen des entdeckenden Lernens verbunden sind. Die hier vorgestellte Aufgabenform ist gut geeignet, eigenständiges Lernen zu fördern. Hinzu kamen Überlegungen zur Spezifität des mathematischen Wissens bei den Lernenden. Untersuchungen zu mathematischen Vorerfahrungen, die sowohl die Breite mathematischer Vorkenntnisse als auch die Unterschiede in der Wissensentwicklung zwischen den Kindern nachdrücklich deutlich machten, regten dazu an, noch genauer auf die Möglichkeiten, die eine Bearbeitung offener Aufgaben bietet, zu schauen. Auf diesem Hintergrund wurde das hier vorgestellte Projekt durchgeführt. Die Aufgaben schließen sowohl diagnostische als auch fördernde Aspekte ein. Die Ergebnisse offener Aufgaben zeigen jeweils einen kleinen Ausschnitt des Leistungsprofils eines Schülers – nicht nur den Lehrenden, auch den Lernenden selbst. Das Bewusstwerden eigener Leistungsfähigkeit ist ein wichtiger Aspekt für das Voranschreiten beim Lernen. Diese Art des Lernens beim Erkunden von Zahlen, beim Rechnen, bei der Erschließung geometrischer Sachverhalte hat in der Regel einen fördernden Aspekt, da die Lernenden Wissen ausgehend von ihrem spezifischen Lernniveau festigen, erzeugen und voranbringen können. Die fördernden Aspekte werden durch einen Unterricht verstärkt, der die im Rahmen offener Aufgaben entstandenen Schülerprodukte so aufgreift, dass individuelles Wissen verstärkt und auch nachfolgend einbezogen wird. An dieser Stelle sei mein Dank den Lehrerinnen ausgesprochen, die diese Art des Lernens in ihrem Mathematikunterricht ermöglicht haben.

Ich danke herzlich der Grundschule am Johannisplatz in Erfurt und den Lehrerinnen Frau Schilling, Frau Kasten und Frau Beutmann; der Pestalozzi-Grundschule in Landau (Pfalz) und der Lehrerin Frau Brand. Mein besonderer Dank gilt den Schülerinnen und Schülern der am Projekt beteiligten Klassen, die durch ihre engagierte Bearbeitung der Aufgaben, diesen erst zu Leben und Nachhaltigkeit verholfen haben.

Einführung zum Einsatz offener Aufgaben

INDIVIDUELLE LEISTUNGSFÄHIGKEIT

Untersuchungen zu mathematischen Fähigkeiten bei Kindergartenkindern und Schulanfängern belegen die umfangreichen Kompetenzen, die Kinder zu Schulbeginn schon haben (*vgl. Hasemann 2003; Grassmann u. a. 2002, 2003, 2005*). Die Wissensbreite der Erstklässler ist erstaunlich. Die Unterschiede in der Leistungsfähigkeit sind allerdings so groß, dass man mitunter ernsthaft an einem einheitlichen Curriculum für alle und mit allen zweifelt. Schaut man genauer auf die Leistungsunterschiede, so lassen sich Bereiche ausmachen, die scheinbar besonders bedeutsam bezüglich der mathematischen Entwicklung der Kinder sind. Die Leistungsunterschiede werden zwar in der Schule beim Rechnen besonders deutlich, manifestieren sich aber schon weit davor. Unterschiede bezüglich der Leistungsfähigkeit im Anfangsunterricht zeigen sich unter anderem in den Bereichen frühe Mengenrepräsentation (simultanes Erfassen kleiner Mengen; Mengenvergleich, Klassifizieren, Ordnen u. a.), Zählfähigkeiten, Erkennen und Nutzen von Strukturen, Knüpfen von Zahlenbeziehungen, operative Beweglichkeit, Kopfrechnen (*vgl. Moser/Opitz 2001; Hasemann 2003; Caluori 2004; Hasselhorn/Marx/Schneider 2005; Guldimann/Hauser 2005*). Die Fähigkeitsunterschiede bezüglich der genannten Bereiche zwischen den Leistungsstarken und den Schwächsten sind in der Regel sehr deutlich und über die Schuljahre hinweg teilweise recht stabil.

Zur Weiterentwicklung der individuellen Leistungsfähigkeit sollten die Schüler möglichst oft ausgehend von ihrem Niveau lernen können. Das Erfassen von Kompetenzen ist sicherlich der erste Schritt, um den unterschiedlich denkenden und arbeitenden Kindern im Unterricht gerecht zu werden. Standardisierte Tests bieten die Möglichkeit, mathematische Leistungsfähigkeit vom Kindergartenalter an zu erfassen (*vgl. van Luit/van de Rijt/Hasemann 2001; v. Aster 2002; Krajewski Küspert/Schneider 2002; Krajewski/Liehm/Schneider 2004*). Diese Art der Diagnostik reicht als Grundlage für individuelle Förderung jedoch nicht aus. Hinzu kommen sollten Leistungsfeststellungen, die nicht nur Ergebnisse, sondern auch Lernentwicklungen dokumentieren – für die Lehrpersonen als Grundlage für individuelle Förderung und für die Lernenden, um selbst in zunehmendem Maße eigenes Lernen steuern und bewerten zu können (*vgl. Sundermann/Selter 2006*).

AUFGABEN IM MATHEMATIKUNTERRICHT

Das Nachdenken über die Aufgabenkultur im Mathematikunterricht hat in den letzten Jahren immer wieder zu Ideen für interessante Aufgaben geführt. So wurde der Bedarf an anspruchsvollen Aufgaben für leistungsstarke und begabte Schüler erkannt und ein vielfältiges Aufgabenangebot für diese Schülergruppe entwickelt (*vgl. u. a. Käpnick 2001; Käpnick/Fuchs 2004; Grassmann 2004; Bardy/Hrzàn 2005; Vau-Reichardt 2005*).

Beim Nachdenken über Aufgaben im Mathematikunterricht spielte und spielt der Begriff „gute Aufgaben" eine Rolle (*Ruwisch/Peter-Koop 2003*) – Aufgaben, die Lernende zu Produktivität und Eigenaktivität anregen und zu umwelterschließenden Mathematisierungen befähigen (*vgl. auch Erichson 1992, 2003; Rasch 2003; Radat/Schipper/Dröge/Ebeling 1996, 1998, 1999, 2000*). Auch das Suchen nach und das Bilden von Mustern als charakteristisches Element der Mathematik sollte in guten Aufgaben eine Rolle spielen. Mathematische Zusammenhänge und Regelhaftes kann über die Beschäftigung mit Mustern entdeckt und zu Wissen generiert werden, das über einzelne Beispiele hinaustragen und zu verallgemeinerten mathematischen Kenntnissen führen kann (*Wittmann/Müller 1990, 1992; Steinweg 2000*).

Besondere Bedeutung bekamen Aufgaben im Mathematikunterricht im Zusammenhang mit der Entwicklung von Bildungsstandards. Aufgabenpools entstanden, mit deren Hilfe die in den Standards formulierten Anforderungen Konkretheit und Abrechenbarkeit erfahren sollen. Darüber hinaus wird an vielen Schulen im Rahmen des SINUS- Projektes geforscht und nach Aufgaben gesucht, die im Sinne von guten Aufgaben mathematische Kompetenzen entwickeln sollen (*Walther 2004*).

OFFENE AUFGABEN IM MATHEMATIKUNTERRICHT

In all den genannten Ansätzen und Projekten spielen auch offene Aufgaben eine Rolle. Diese geben den Lernenden die Möglichkeit Anforderungen, die über Aufgaben transportiert werden, von ihrem individuellen Leistungsniveau aus zu bearbeiten (*Hengartner 1999; Schütte 2004*). Ein umfangreiches Projekt, in dem diese Form der Aufgabenstellung im Mittelpunkt steht, wurde in der Schweiz initiiert (*Hengartner/Hirt/Wälti 2006*). Die Autoren entwarfen und erprobten Lernumgebungen, die sowohl die Rechenleistung und dabei zugrunde liegende Beziehungen ansprechen als auch zahlreiche sachstrukturierte Zusammenhänge. Die Aufgaben zeichnen sich durch ihre Ergiebigkeit hinsichtlich der Bearbeitungsmöglichkeiten aus und können jeweils in unterschiedlichem Umfang und mit unterschiedlicher Tiefe (abhängig von der Leistungsfähigkeit der Lernenden) durchdrungen werden.

Dieses Grundprinzip, dass die gleiche Aufgabenstellung unterschiedliche Bearbeitungsqualität und -quantität zulässt, liegt auch der hier vorgestellten Studie zugrunde. Für die Klassenstufen 1 bis 4 wurden Aufgaben entwickelt und erprobt, die nur wenige strukturelle Vorgaben enthalten. Es entstanden Aufgaben zu den Bereichen ‚Zahlen und Zahlenbeziehungen', ‚Rechnen', ‚Sachrechnen' ‚Größen' und ‚Geometrie'. Die weit gefassten, einfachen Arbeitsaufträge sollen alle Leistungsgruppen zu mathematischer Produktivität anregen. Aufgaben können auf diese Weise zu Treffpunkten für Schüler mit unterschiedlichen Leistungsprofilen werden. Sie können den Lernenden entgegenkommen, ihre individuellen Stärken ansprechen. Die elementare Anlage der Aufgaben ermöglicht den Schülern ein schnelles Eindringen in mathematische Inhalte auf ihrem Niveau. Ein stabiler Mathematikunterricht, in dem viel gelernt wird, bietet einen guten Boden für offene Aufgaben der Art, wie sie hier vorgestellt werden. Die Bearbeitung der Aufträge führt zu einem produktiven Umgang mit Mathematik. Wie der Einsatz von offenen Aufgaben die mathematische Fähigkeitsentwicklung unterstützen kann, zeigen die folgenden Aspekte.

1. Wissen kann gezeigt werden und wird auf diese Weise bewusster.
Offene Aufgaben schaffen zu Beginn der in der Schule organisierten Lernprozesse die Möglichkeit, dass die Erstklässler ihr vielfältiges Vorwissen zeigen können. Es ist jedoch nicht nur so, dass die mathematischen Vorkenntnisse das schulische Lernen stützen können. Auch die umgekehrte Wirkung ist zu beachten: Mit dem täglich wachsenden Schulwissen als Hintergrund können die Kinder ihre ganz spezifischen Vorerfahrungen (insbesondere die Vorkenntnisse, die über das schuli-

sche Curriculum hinausgehen) weiterentwickeln, auch wenn diese Bereiche im Unterricht nicht direkt angesprochen werden. Die Möglichkeit, sich über offene Aufgaben hin und wieder auf ganz eigenen Pfaden bewegen zu können, fördert diese Entwicklungen, die im Projekt durch Aufgabenstellungen der folgenden Art angeregt wurden:

- Schreibe alle Zahlen auf, die du schon schreiben kannst (Kl. 1, Oktober).
- Schreibe Rechenaufgaben auf (Kl. 1, Dezember).
- Zähle, so weit du kommst. Schreibe die Zahlen auf (Kl. 1, März).

Die Bearbeitungen der Erstklässler wiesen auf verschiedene Effekte hin, die bei der Arbeit mit offenen Aufgaben beobachtet werden konnten: Leistungsschwächere Schüler blieben vorwiegend bei dem in der Schule trainierten Wissen, schöpften aber beim Arbeiten mit offenen Aufgaben auch ihre Möglichkeiten aus. Bei anderen Leistungsgruppen konnte man beobachten, dass sie zwar ihre Arbeit auch mit in der Schule erworbenem Wissen und Können begannen, dann aber häufig fortführten in weiterführende Bereiche, die sie sich selbst erschlossen. Hintergrund waren das inzwischen erworbene Schulwissen und die eigenen, spezifischen Lernvoraussetzungen. Vielfach wurde in den Auswertungsrunden deutlich, dass die Lernenden selbst überrascht darüber waren, in welchem Ausmaß ihnen weiterführendes Wissen zur Verfügung stand. Die speziellen Lernvoraussetzungen erreichten auf diese Weise einen höheren Bewusstseinsgrad. Auch in den nachfolgenden Klassenstufen wurde deutlich, dass sich das Wissen der Lernenden nicht nur in den Bahnen des schulischen Curriculums weiterentwickelt. Die Schülerproduktionen zu den offenen Aufgaben machten immer wieder Wissensbestandteile sichtbar, die darüber hinausgingen.

2. Das aktuelle Wissen der Lernenden kann erfasst und berücksichtigt werden.

Die Schülerprodukte im Zusammenhang mit offenen Aufgaben spiegeln das aktuelle Wissen der Kinder wider. Dies ermöglicht den Lehrenden, Unterricht nicht nur auf der Grundlage des Stoffes, sondern vor allem auch auf den Voraussetzungen der Lernenden aufzubauen. Unter anderem machten die Schülerproduktionen zu den Aufgaben deutlich, dass die stoffliche Breite, die für den Einstieg in ein neues Stoffgebiet angeboten wird, den aktuellen Lernvoraussetzungen häufig nicht genügt. So gab die folgende Aufgabe Aufschluss darüber, wie sicher bzw. wie flexibel sich die Schüler im Hunderterraum schon bewegen, und welche Schüler von vornherein darüber hinaus blicken können:

- Schreibt Rechnungen, die 40 ergeben (Kl. 2, September; *vgl. Hubacher 1999*).

Die von den Kindern gebildeten Aufgaben wiesen auf Stellenwertkenntnisse und auf diesbezügliche Unsicherheiten hin. Die Lehrerin erhielt Hinweise auf Fähigkeiten, die teilweise schon weit über das zu planende Stoffgebiet (zweistellige Zahlen im Hunderterraum) hinausreichten. Die Arbeitsprodukte der Schüler machten u.a. darauf aufmerksam, dass das Addieren und Subtrahieren beim Arbeiten mit zweistelligen Zahlen durchaus von Anfang an eine Rolle spielen und das Verständnis für diese Zahlen fördern kann.

Vor der Behandlung des Stoffgebietes „Multiplikation und Division“ wurde die folgende Aufgabe gestellt:

- Kennst du schon Malaufgaben? Schreibe alle auf, die du kennst. Vielleicht weißt du ja auch schon Geteiltaufgaben (Kl. 2, November)?

Wie auch andere Untersuchungen feststellten, kannten die Kinder schon die verschiedensten Multiplikationsaufgaben (*vgl. auch Selter 1993*).
Divisionsaufgaben traten eher selten auf. Die Zweitklässler notierten aber nicht nur Einmaleinsaufgaben. Es gab auch Anfangskenntnisse zum Multiplizieren mehrstelliger Zahlen und erste intuitive Regelkenntnis.

Das Wissen, das in der Lerngemeinschaft vorhanden war, wies zwar noch keine besondere Systematik auf, ebenso waren teilweise Unsicherheiten bzw. fehlerhafte Analogien zu erkennen – in der Breite waren die Kenntnisse der Kinder aber beeindruckend. Die Arbeitsergebnisse machten darauf aufmerksam, die Betrachtungen zur Multiplikation und Division in Klassenstufe 2 nicht ausschließlich auf Einmaleinsaufgaben zu beschränken. Insgesamt verweisen die Schülerprodukte zu offenen Aufgaben auf die Notwendigkeit, bei der Erarbeitung neuen Stoffes ganzheitliche Ansätze zu wählen, also Zugänge, die nicht zu kleinschrittig an Neues heranführen sowie den Unterrichtsstoff nicht allzu eng fassen und Randgebiete mit einbeziehen.

3. Die Aufgaben regen zum Nutzen von Strukturen und zur Analogiebildung an.

Bei den offenen Aufgabenstellungen zum Rechnen wurden häufig Aufgaben der folgenden Art eingesetzt:

- Rechne Aufgaben, in denen die Zahl 5 steckt (Kl. 1, Januar).
- Wähle deine eigene Rechenzahl. Schreibe alle Aufgaben auf, die du mit dieser Zahl bilden kannst (Kl. 1, Januar).
- Rechne mit der Zahl 24 als Startzahl (Kl. 2, Januar).
- Versuche, mit der Zahl 99 zu rechnen (Kl. 2, Juli).
- Bilde Subtraktionsaufgaben. Beginne immer mit 1000 (Kl. 3, Oktober).

Selten erfolgte die Suche nach Aufgaben durch die Schüler ohne Ordnungsgesichtspunkte. Dabei spielten sowohl formale als auch inhaltliche Aspekte eine Rolle, z. B. wurden die selbst zu bildenden Aufgaben nach Rechenoperationen ausgewählt und geordnet. In der Klassenstufe 3 und 4 konnte man das Bemühen der Kinder beobachten, alle vier Grundrechenoperationen einzubinden. Häufig waren es aber auch bestimmte Beziehungen, die den Lernenden beim Zusammenstellen der Aufgaben auffielen und dann bei der folgenden Aufgabenkonstruktion genutzt wurden. Mithilfe solcher Beziehungen gelangten die Kinder mitunter zu einem Rechenniveau, dass sie ohne das Nutzen der entdeckten Zusammenhänge nicht erreicht hätten. So wurde zum Beispiel die folgende Aufgabe aus der vorangegangenen entwickelt und immer so weiter. Als Einzelaufgaben wären sie nicht zu bewältigen gewesen.

Die Schüler erkannten und nutzten diese Beziehungen ohne Hinweise der Lehrenden. Dies macht auch die besondere Beziehung zu den selbst erzeugten Aufgaben und die intensive Durchdringung dieses eigenständig geschaffenen mathematischen Stoffes deutlich. Analogien, die bei dieser Arbeitsweise erzeugt wurden, waren nicht immer fehlerfrei. So gab es vor allem in den ersten beiden Schuljahren durchaus auch fehlerhafte Analogiebildungen in den Aufgabenreihen der Kinder – insgesamt aber weniger häufig, als man bei dieser Art des freien Arbeitens vermuten könnte.

Bei geometrischen Aufgaben sind die Konstruktionsleistungen der Kinder nicht so vielfältig wie bei Aufgaben zu Zahlen und zum Rechnen. Selbst leistungsstarken Schülern gelingt das Weiterdenken geometrischer Inhalte oft nur in bescheidenem Maße. Dies liegt zum einen daran, dass das System unserer Zahlen schon vom Aufbau her zu vielfältigen Analogien Anlass gibt, was die geometrischen Inhalte nicht in gleicher Weise vermögen. Hinzu kommt, dass Geometrieunterricht in der Regel nicht mit der gleichen Systematik und Nachdrücklichkeit erfolgt wie die Arithmetik.

4. Das Nachdenken über Zahlenbeziehungen wird angeregt.
Die natürlichen Zahlen – als Grundbausteine des Lernens im Mathematikunterricht der Grundschule – haben für das Verständnis mathematischer Zusammenhänge und das Erlernen des Rechnens eine besondere Bedeutung. Ein Teil der offenen Aufgaben wurde deshalb mit dem Ziel gestellt, die Lernenden für Zahlbeziehungen zu sensibilisieren. Es wurden u. a. Teilbarkeitsbeziehungen aufgegriffen.
Entsprechende Einsichten führen bezüglich der Kenntnisse zur Multiplikation und Division in den einzelnen Schuljahren über das Beherrschen der Rechentechniken und die Automatisierung von Aufgaben hinaus. Verständnis für Teilbarkeitsbeziehungen kann wiederum einsichtsvolles Rechnen stützen.

- Finde Zahlen, von denen du drei gleiche Teile bilden kannst. Schreibe die Teile auf (Kl. 2, April).
- Finde Zahlen, die du durch viele andere teilen kannst (Kl. 3, November).
- Schreibe Zahlen auf, die sich durch 2 und 3 teilen lassen (Kl. 3, April).
- Finde Zahlen, die du nicht durch andere teilen kannst (außer durch 1 und sich selbst) (Kl. 3, November).

Bei den Zweitklässlern wurde deutlich, dass sie noch sehr mit dem gerade trainierten Einmaleins verbunden waren und die notwendige Lockerheit fehlte, um den Stoff auch anderweitig durchdringen zu können. In der dritten Klasse fiel dies den Schülern leichter. Für unsere Drittklässler war es allerdings ungewohnt, nach Zahlen zu suchen, die mehrere Teiler haben. Interessant waren die Strategien, die dabei eingesetzt wurden.

Der Blick auf Zahlenbeziehungen muss sich im Rahmen offener Aufgaben allerdings nicht auf Teilbarkeitsbeziehungen beschränken. Wie kreativ Lernende mit Zahlenbeziehungen umgehen, zeigte die Suche nach drei Zahlen, die gut zusammen passen (vgl. Kl. 4, Aufgabe 9). Einige Antworten seien beispielhaft aufgeführt:

- 777, 888, 999 – weil zwischen den Zahlen immer 111 Einer liegen.
- 10.000, 100.000, 1.000.000 – sie passen gut zusammen, weil es immer nur eine 0 mehr wird.
- 300, 400, 500 – es liegt immer ein Stellenwert (100) dazwischen.
- 2, 4, 6 – sind gerade Zahlen.
- 18, 30, 42 – immer plus 12.

- 10, 20, 30 – die ersten Zahlen mit einer Null.
- 012, 0123, 01234 – sind die niedrigsten Zahlen.
- *Sternzahl, u|unendlich, x+|x Tausend – sind die höchsten Zahlen.
- 394, 16, 7 – Quersummen.
- 1,1,2 und 1,1,0 – Notrufzahlen.
- 1.000.000, 2.000.000, 3.000.000 – fortgeschrittene Zahlen.
- 6, 12, 18 – diese Zahlen kommen in der Sechserreihe vor.

Leistungsschwächere Schüler gingen vor allem von Kriterien aus, die ihnen aus dem bisherigen Mathematikunterricht sehr vertraut waren (gerade/ungerade Zahlen; Beziehungen innerhalb der Zahlenreihe). Andere nutzten Schulwissen auf einer anspruchsvolleren Ebene (Zahlenfolgen, Teilbarkeit, Stellenwertbezüge). Alltagswissen wurde aufgegriffen und es wurden Zuordnungskriterien geschaffen, die auf den ganz eigenen Vorstellungen der Kinder beruhten, z. B. die Sicht auf die „höchsten und niedrigsten“ Zahlen.

5. Das Einschätzen der eigenen Leistungsfähigkeit wird gefordert und gefördert.

Die Arbeit mit offenen Aufgaben führte in den am Projekt beteiligten Klassen auch dazu, dass immer besser gelernt wurde, die eigenen Leistungsmöglichkeiten real einzuschätzen. So konnte beobachtet werden, dass bei Aufgaben wie der folgenden der Schwierigkeitsgrad ganz bewusst gewählt und selten revidiert wurde:

- Suche dir eine Zahl, mit der du gern einmal rechnen würdest (Kl. 4, November).

Simon, ein leistungsstarker Schüler, wählte die 112.345. Beim Bilden und Bearbeiten von Rechenaufgaben mit dieser Zahl wurde ihm recht schnell bewusst, dass diese Zahl für das Rechnen im Kopf eher ungeeignet ist. Er versuchte es danach mit 1.000 und rechnete am Ende schließlich mit 120. Für die meisten Kinder stand die Zahl, mit der sie rechnen wollten allerdings von Anfang an fest. Anne wählte die 10.000, Marie die 6, Lisa die 500 und Dominic die 24. Interpretiert man die Beweggründe der Kinder, wird deutlich, dass die Lernenden versuchten, Leistungsfähigkeit und Leistungsanspruch zu verbinden (vgl. Kl. 2, Aufgabe 5). Vielleicht trauen wir ihnen im Unterrichtsalltag diese Kompetenz häufig zu wenig zu.

6. Freies Schreiben unterstützt die Aufgabenbearbeitung

Der weit gefasste und allgemeine Auftrag, der den größten Teil der Aufgabenstellung kennzeichnete, erforderte nicht nur inhaltliche Arbeit von den Kindern. Mit dem Nachdenken über und dem Zuordnen von Inhalten zum Auftrag ergab sich die Notwendigkeit, die Inhalte übersichtlich zu präsentieren, ursprüngliche Anordnungen zu verwerfen und zu korrigieren und auf diese Weise zu lernen, Aufgaben in einer Form darzustellen, die arbeitsunterstützend bzw. übersichtlich ist. Wenn Schüler ausschließlich vorgefertigte Arbeitsformen aus dem Lehrbuch oder von der Tafel übernehmen, lernen sie diese Art des „Freien Schreibens“ nicht. Das Zusammenspiel von Inhalt, Form und eigenem persönlichem Empfinden spielt auch bei der Darstellung mathematischer Inhalte eine Rolle und kann die Entwicklung mathematischer Fähigkeiten (wenn auch sicher nur geringfügig) beeinflussen (*vgl. hierzu auch Gallin/Ruf 1990*). Je nachdem, wie die Aufgabe formuliert ist, regen offene Arbeitsaufträge dazu an, Erläuterungen zu den dargestellten Aufgaben bzw. Lösungen zu notieren. So schrieb beispielsweise ein Viertklässler zur Erläuterung der Million: „Eine Million hat 999.999 Einer mehr als eine 1“ (vgl. Kl. 4, Aufgabe 13). Denken und Sprache gehen sich gegenseitig beeinflussende Verbindungen ein. Die Schriftsprache ist ein wichtiges Element, um im Kopf Konstruiertes ausreifen zu lassen und zu Bewusstheit zu führen (*vgl. Wygotski*).

7. Fehler spielen eine produktive Rolle

Auch den Schülern ist bewusst, dass beim Hineinwagen in Arbeitsgebiete, die häufig über die durch Schule gesicherten Bereiche hinausgehen, (produktive) Fehler entstehen können. Je nach Ausmaß und daraus folgendem Lerneffekt für den Einzelnen und die Lerngemeinschaft sollten die fehlerhaften Produkte aufgegriffen werden. In der Regel schrieben wir die richtigen Aufgaben oder Beziehungen hinter die fehlerhaften. Mitunter kann eine falsche Analogiebildung auch mit allen besprochen werden. Genauso können einzelne Fehler auch einmal ignoriert werden, um das Gesamtprodukt des Schülers nicht zu schmälern, und um diese Form des Arbeitens für den Unterrichtsalltag handhabbar zu machen (*vgl. auch Lorenz 2006*). Im Rahmen unseres Projektes wurden die Schülerarbeiten immer eingesammelt und begutachtet. Das ist bei der täglichen Arbeit sicherlich nicht möglich und nicht immer notwendig.

Auch offene Aufgaben können in die Leistungsbeurteilung eines Schülers einbezogen werden. Bei der Bewertung sollte ein offener Bewertungsmodus genutzt werden, der dem Charakter der Aufgabe entspricht. Dieser ist in mancher Hinsicht subjektiver als die Bewertung von Aufgaben nach rein stofflich-fachlichen Kriterien. Die am Projekt beteiligten Lehrerinnen werteten nach einem Drei-Punkte-Modus. Anforderungen in besonderer Weise erfüllt (3 Punkte), Anforderungen gut erfüllt (2 Punkte), es konnten Ansatzpunkte zur Aufgabenstellung gefunden werden (1 Punkt). Wenn die Differenzierung noch grober erfolgen sollte, wurde auch ein Zwei-Punkte-Modell (gut und weniger gut erfüllt) genutzt.

ZEITLICHER RAHMEN DES AUFGABENEINSATZES UND ORGANISATION

Im Rahmen des Projektes wurde jeweils eine offene Aufgabe im zwei- bis dreiwöchigen Abstand eingesetzt. Die Kinder führten dazu ein spezielles Heft (DIN A4, ohne Linien), das in der Regel in der Schule bzw. bei der Lehrerin verblieb. Ausreichend Platz erschien für die Bearbeitung wichtig und so war mindestens eine DIN-A4-Seite für eine Aufgabe vorgesehen.Die Aufgabe wurde zu Beginn der Unterrichtsstunde durch die Lehrerin vorgelesen und anschließend von den Kindern ins Heft geklebt. Die Aufgaben sollten möglichst für sich sprechen und keine Interpretationen bzw. Beispiele notwendig machen.

Die eigenständige Bearbeitungszeit der Lernenden betrug je nach Aufgabe zwischen 15 und 30 Minuten. Für die Kinder, die früher fertig waren, wurde die weitere Ausgestaltung der Aufgabenstellung empfohlen (durch zusätzliche schriftliche Bemerkungen, Zeichnungen usf.).

Die Lehrerin sammelte im Anschluss die Hefte ein und versah die Produktionen der Schüler mit einer kleinen schriftlichen Bemerkung. Das Betrachten, Besprechen, Diskutieren der Schülerlösungen erfolgte in einer späteren Unterrichtsstunde, jeweils vor der Bekanntgabe der neuen offenen Aufgabe. Diese zeitliche Verschiebung hatte den Vorteil, dass sich die Lehrenden mit den Schülerprodukten auseinandersetzen und eine weitere Einbeziehung der Ergebnisse durchdenken konnten. Die Aufmerksamkeit der Schüler war außerdem deutlich höher als unmittelbar nach der Bearbeitung. Die „Auswertungsrunde" wurde meistens im Sitzkreis vorgenommen, sodass die Schülerproduktionen gegenseitig begutachtet werden konnten und die Lernenden Anregungen für eigenes Vorgehen erhielten.

FAZIT

Offene Aufgaben der vorgestellten Art sind nur ein kleiner Baustein in der Aufgabenwelt, die mathematische Lernprozesse begleitet. Die durch diese Aufgaben geschaffenen Freiräume für das Lernen bringen dem Mathematikunterricht Lebendigkeit und Reichhaltigkeit. Das gemeinsame Betrachten der individuell erzeugten Arbeitsdokumente führt zu einem natürlichen Lernen voneinander. Die Produktionen der Schüler weisen immer wieder darauf hin, dass Lernen längst nicht so linear erfolgt, wie sich das in Lehrplänen und Lehrmaterialien teilweise widerspiegelt und wie dies traditionsgemäß im Unterricht oft verfolgt wird.

Will man den Einsatz offener Aufgaben im Mathematikunterricht rechtfertigen, kann man neben den schon genannten weitere Argumente anführen: Eine Überlegung ist z. B. ‚wo bleibt bei unserem doch recht systematischen Lehrgangsaufbau die Breite des Wissens, die ursprünglich zu Schulbeginn vorhanden ist?' Ein durchgängig systematischer Lehrgangsaufbau führt in der Regel zu einer Verengung von Wissen (zugunsten der sicherlich notwendigen Sicherheit). Für das sich nebenher entwickelnde Wissen der Lernenden bietet der Unterricht oft nur sporadisch Raum. Für diese Wissensbausteine könnten offene Aufgaben ein Forum sein. Ein weiteres Argument: Mathematikunterricht ist immer noch mit viel reproduktivem Tun verbunden. Offene Aufgaben ermöglichen produktives Mathematiklernen. Das Hauptargument aber bleibt: Offene Aufgaben bieten Raum für die ganz spezifische Leistungsfähigkeit des Einzelnen. Diese ist die beste Grundlage für weiteren Wissensaufbau.

Jahresplanung Klasse 3

JAHRESPLANUNG KLASSE 3 | KLASSE/LERNGRUPPE:

Aufgabe	bearbeitet	Bemerkungen
Z7		
Z8		
Z9		
Z10		
Z11		
R16		
R17		
R18		
R19		
R20		
R21		
R22		
R23		
S14		
S15		
S16		
S17		
G3		
G4		

Jahresplanung Klasse 4

JAHRESPLANUNG KLASSE 4 | KLASSE/LERNGRUPPE:

Aufgabe	bearbeitet	Bemerkungen
Z12		
Z13		
Z14		
R24		
R25		
R26		
S18		
S19		
S20		
G5		
G6		
G7		
G8		

Bearbeitungsstand Klasse 3

BEARBEITUNGSSTAND KLASSE 3 | KLASSE/LERNGRUPPE:

Schülername	Z 7	Z 8	Z 9	Z 10	Z 11	R 16	R 17	R 18	R 19	R 20	R 21	R 22	R 23	S 14	S 15	S 16	S 17	G 3	G 4

Bearbeitungsstand Klasse 4

BEARBEITUNGSSTAND KLASSE 4 | KLASSE/LERNGRUPPE:

Schülername	Z 12	Z 13	Z 14	R 24	R 25	R 26	S 18	S 19	S 20	G 5	G 6	G 7	G 8

OFFENE AUFGABEN FÜR KLASSENSTUFE 3

Die Klassenstufe 3 erweitert die Möglichkeiten für das Arbeiten mit offenen Aufgaben, da der vorangegangene zweijährige systematische Mathematikunterricht eine gute Grundlage für diese Art des Lernens bietet. Alle vier Grundrechenoperationen sind bekannt. Von den Kindern können größere Zahlenräume überblickt werden.

Wenn auch nicht mehr so gravierend wie im 1. und auch noch im 2. Schuljahr, zeigen sich doch auch in Klassenstufe 3 Wissensbestandteile, die nicht zu dem in der Schule erworbenen Wissen gehören, und die mithilfe offener Aufgaben sichtbar gemacht werden können. Deshalb bleiben Überlegungen, welche Aufgabenstellungen diese Wissensbestandteile ansprechen können, wichtig. Der Umgang mit Zahlen und das Rechnen mit Zahlen beruht auf vertrauten Strukturen: Neue Zahlenräume können durch Analogiebildungen erschlossen werden, das Rechnen in diesen Räumen wird gestützt durch bekannte Zusammenhänge und muss „nur" übertragen werden. Anders verhält sich dies mit dem Lernbereich Geometrie. Eine systematische, umfassende Behandlung geometrischer Inhalte wird von den Lehrmaterialien weniger nahe gelegt. Die Umwelt regt nicht in dem Maße zu geometrischer Wissensbildung an, dass aufnahmebereite Lernende allein dadurch in besonderem Maße Wissen generieren könnten. Diese Aspekte machen sich bei offenen Aufgaben zur Geometrie bemerkbar. Die Arbeitsprodukte, die von den Schülern erstellt werden, orientieren sich oft ausschließlich an in der Schule vermittelten Inhalten, kreative Eigenproduktionen treten weniger häufig auf als beim Umgang mit Zahlen.

Mit dem Blick auf die Schüler muss den Randgruppen Aufmerksamkeit zukommen, den besonders leistungsstarken Lernern und den besonders leistungsschwachen Kindern mit Lernschwächen bzw. Lernstörungen, die in Klassenstufe 3 inzwischen schon beträchtliche Defizite zu kompensieren haben: Da ist das Faktenwissen zum kleinen Einspluseins und Einmaleins, das nicht bzw. nur teilweise zur Verfügung steht, da sind die Probleme mit dem halbschriftlichen Addieren und Subtrahieren (meistens auf dem Hintergrund eines unsicheren Umgangs mit den Stellenwerten), die das Rechnen im Kopf nur mühsam und mit großer Kraftanstrengung bewältigen lassen (*vgl. Gaidoschik 2003*). Die Kinder mit fortgeschrittenen mathematischen Fähigkeiten haben inzwischen gelernt, mit hoher Effizienz zu rechnen. Durch das Nutzen von Zahlenbeziehungen und Analogien rechnen sie schnell und mit vorteilhaften Strategien. Mathematikunterricht bietet jetzt schon nicht mehr immer genug Anforderungen für sie.

Ein neues Schuljahr sollte mit mathematisch Neuem und Anspruchsvollem beginnen. Offene Aufgaben können die langen Wiederholungszeiten entbehrlich machen, die oft zu Beginn einer neuen Klassenstufe eingerichtet werden. Wiederholung steckt in fast jeder Aufgabe, wie die folgenden Aufträge zeigen.

SEPTEMBER
OKTOBER
NOVEMBER
DEZEMBER
JANUAR
FEBRUAR
MÄRZ
APRIL
MAI
JUNI
JULI
AUGUST

**Zeichne geometrische Flächen und Körper, die du kennst.
Schreibe jeweils den Namen dazu.**

ÜBUNGSINHALT, ÜBUNGSZIEL:

Wie schon in den Klassenstufen davor, kann ein solch globaler Auftrag Kindern und Lehrpersonen einen Überblick über die Kenntnisse der im Geometrieunterricht behandelten Figuren und deren Eigenschaften geben und die inzwischen erworbenen Darstellungsfähigkeiten sichtbar machen.

Kl. 3 | AUFGABE 1 | G3 GEOMETRIE SEPTEMBER

Zeichne geometrische Flächen und Körper, die du kennst.
Schreibe jeweils den Namen dazu.

Zeichne geometrische Flächen und Körper, die du kennst.
Schreibe jeweils den Namen dazu.

Zeichne geometrische Flächen und Körper, die du kennst.
Schreibe jeweils den Namen dazu.

Zeichne geometrische Flächen und Körper, die du kennst.
Schreibe jeweils den Namen dazu.

Zeichne geometrische Flächen und Körper, die du kennst.
Schreibe jeweils den Namen dazu.

Zeichne geometrische Flächen und Körper, die du kennst.
Schreibe jeweils den Namen dazu.

Zeichne geometrische Flächen und Körper, die du kennst.
Schreibe jeweils den Namen dazu.

Zeichne geometrische Flächen und Körper, die du kennst.
Schreibe jeweils den Namen dazu.

Zeichne geometrische Flächen und Körper, die du kennst.
Schreibe jeweils den Namen dazu.

KINDERLÖSUNGEN:

MARIE

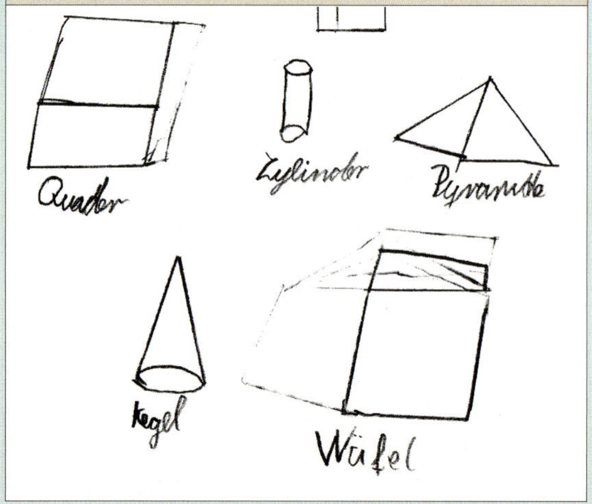

SASKIA

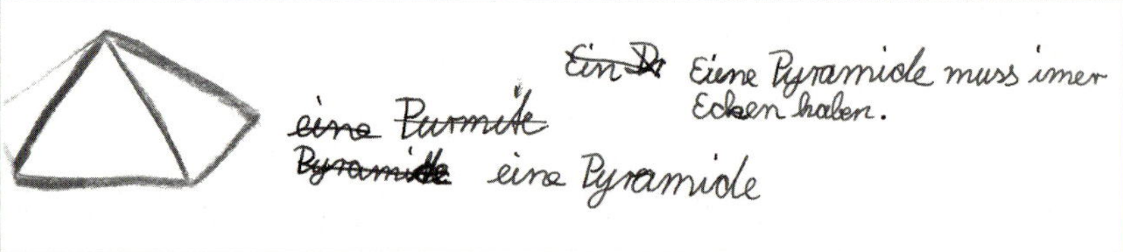

DIAGNOSTISCHE BEOBACHTUNGEN UND FÖRDERASPEKTE:

In Klassenstufe 3 spiegelte sich bei der Darstellung dreidimensionaler Figuren das sich entwickelnde räumliche Vorstellungsvermögen wider (vgl. *Marie, Saskia, Luisa, Juliane*). Unsicherheiten im Wissen waren vor allem bei der Unterscheidung räumlicher und ebener Figuren zu beobachten (vgl. *Josi*). Dass auch geometrische Aufgaben zum kreativen Weiterdenken von Wissen führen können, zeigte unter anderem *Juliane*. Ihr gelang es, Begriffshierarchien zu entwickeln (Viereck/ Quadrat; Kugel/Kreis) und Begriffe weiterzudenken (Unendlicheck für Kugel). Im Auswertungsgespräch könnten diese und andere Darstellungen und Beschreibungen (auch die fehlerhaften) die Lerngemeinschaft zur Wissenserweiterung anregen.

LUISA

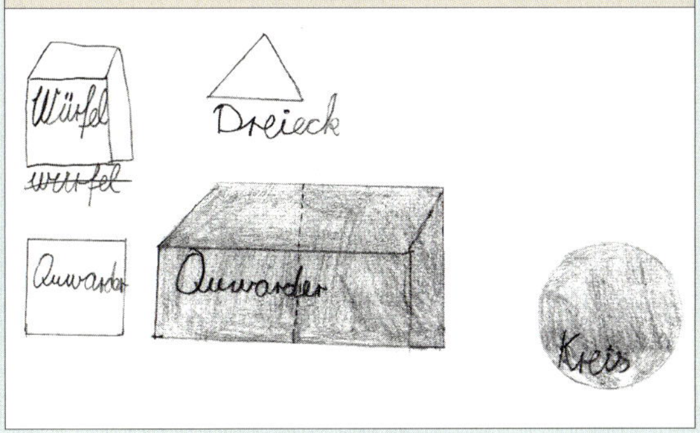

JOSI

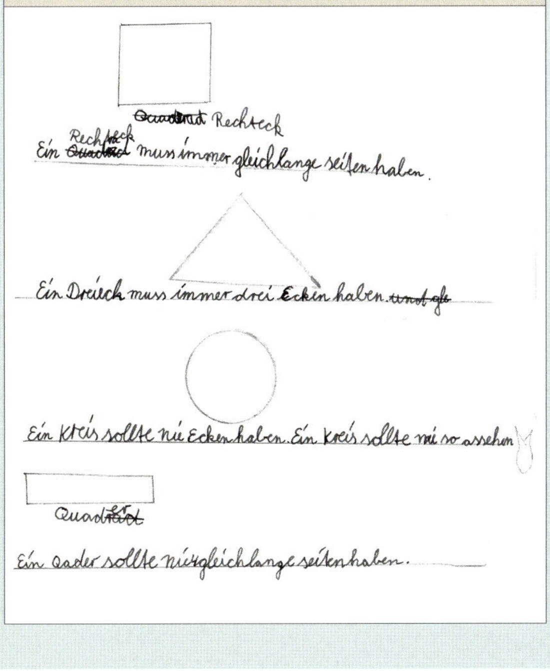

JULIANE

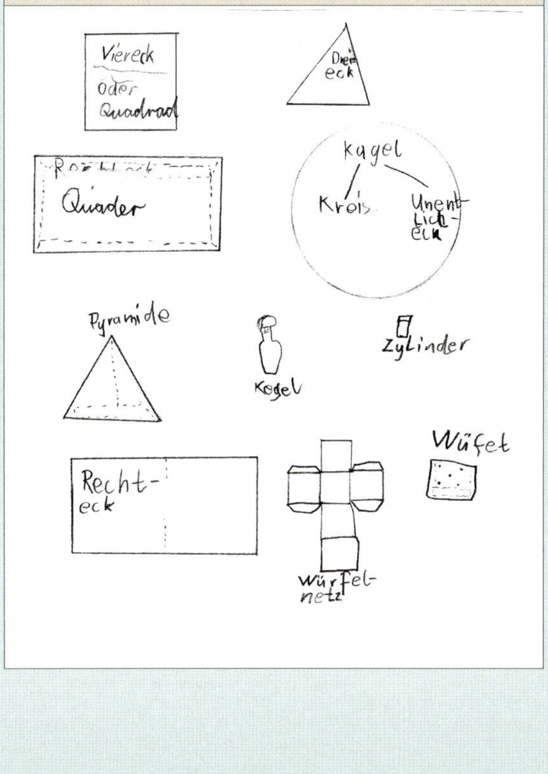

Schreibe Rechnungen, die 1.000 ergeben.

ÜBUNGSINHALT, ÜBUNGSZIEL:

Der Tausenderraum ist der zentrale Zahlenraum in Klassenstufe 3. Zu Beginn des Schuljahres kann eine solche Aufgabe die Art und Weise, wie die Lernenden den Zahlenraum schon durchschreiten können, verdeutlichen (für die Schüler selbst und für die Lehrenden). Daran könnte die weitere unterrichtliche Betrachtung anknüpfen.

Kl. 3 | AUFGABE 2 R16 RECHNEN SEPTEMBER

Schreibe Rechnungen, die 1.000 ergeben.

Schreibe Rechnungen, die 1.000 ergeben.

Schreibe Rechnungen, die 1.000 ergeben.

Schreibe Rechnungen, die 1.000 ergeben.

Schreibe Rechnungen, die 1.000 ergeben.

Schreibe Rechnungen, die 1.000 ergeben.

Schreibe Rechnungen, die 1.000 ergeben.

Schreibe Rechnungen, die 1.000 ergeben.

Schreibe Rechnungen, die 1.000 ergeben.

Schreibe Rechnungen, die 1.000 ergeben.

Schreibe Rechnungen, die 1.000 ergeben.

KINDERLÖSUNGEN:

LISA

100 + 900 = 1000
200 + 800 = 1000
300 + 700 = 1000
400 + 600 = 1000
500 + 500 = 1000
600 + 400 = 1000
700 + 300 = 1000
800 + 200 = 1000
900 + 100 = 1000

2000 − 1000 = 1000
3000 − 2000 = 1000
4000 − 3000 = 1000
5000 − 4000 = 1000
6000 − 5000 = 1000
7000 − 6000 = 1000
8000 − 7000 = 1000
9000 − 8000 = 1000

MARIE

~~199 + 1 = 100~~
999 + 1 = 1000
990 + 10 = 1000
1001 − 1 = 1000
889 + 11 = 1000
991 + 9 = 1000
1002 − 2 = 1000
1008 − 8 = 1000
100 · 100 = 1000
10010 − 10 = 1000
~~70~~ 777 + 13 = 1000

ISABEL

500 + 500 = 1000
100 + 900 = 1000
100 − 100 = 1000 10
~~1000~~
1016 − 16 = 1000
700 + 300 = 1000
400 + 600 = 1000
200 + 800 = 1000
350 + 250 + 400 = 1000
650 + 350 = 1000
750 + 250 = 1000

DIAGNOSTISCHE BEOBACHTUNGEN UND FÖRDERASPEKTE:

Die Kinder zeigten, dass sie sich additiv in Hunderterschritten und rückwärts in Tausenderschritten häufig schon problemlos auf die 1.000 zubewegen können (vgl. *Lisa*). Mit weniger groben Schritten gelang dies auch schon, wenn auch noch nicht immer sicher (vgl. *Marie*). Vereinzelt wagten sich die Schüler an Multiplikationen. Hier trat u. a. wieder die Aufgabe „100 · 100 = 1.000" in Analogie zu „10 · 10 = 100" auf (vgl. *Marie* und *Isabel*; s. auch Klassenstufe 2).
Ein fast schon spielerischer Umgang mit dem ersten Tausender gelang den leistungsstärksten Schülern. Dies kann *Sebastian* eindrucksvoll zeigen. Solche Schüler könnten parallel zur Arbeit im Tausenderraum zum Arbeiten in größeren Zahlenräumen angeregt werden. Dies wäre wiederum über offene Aufgabenstellungen möglich. Auch Verknüpfungen von Punkt- und Strichrechnungen (evtl. nach Vermittlung der entsprechenden Regel) könnten diese Schüler in Angriff nehmen.

SEBASTIAN

500 + 500~~0~~ = 1000   9000~~0~~ : 9 = 1000   1000 : 0 = 1000 *(Durch Null darf man nicht dividieren.)*
1000 + 0 = 1000   1000 · 0 = 1000 *(1000 · 0 = 0)*   1000 − 0 = 1000
10 · 10 · 10 = 1000 | −1 + 2 − 1 = 1000 | −3 + 4 − 1 = 1000
10 · 10 · 10 · 10 : 10 = 1000 *(Schön)* | −5 + 5 − 6 + 7 − 1 = 1000
200 · 5 = 1000 | −5 + 5 − 6 + 7 − 7 + 6 − 6 + 6 = 1000
1000 − 1 + 1 − 2 + 2 − 3 + 3 − 4 + 5 − 1 = 1000 *(Toll!)* | −10 + 10 − 1 + 1 = 1000
10000 : 10 : 10 · 10 = 1000 *(Sehr schön.)* −1 + 2 − 1 + 2 − 2 = 1000
36 + 4 + 60 + 900 = 1000 | −60 + 60 = 1000 | −10 + 10 = 1000
34 + 6 + 60 + 900 = 1000 | −50 + 50 = 1000 | −20 + 20 = 1000
11000 − 1000 − 9000 = 1000 *(Prima)* | −1000 + 1000 = 1000 …

SEPTEMBER
OKTOBER
NOVEMBER
DEZEMBER
JANUAR
FEBRUAR
MÄRZ
APRIL
MAI
JUNI
JULI
AUGUST

Rechne Zeiten aus, die für dich wichtig sind.

ÜBUNGSINHALT, ÜBUNGSZIEL:

Das Berechnen von Zeitdauern gehört für die Schüler zu den schwierigen Inhalten der Grundschulmathematik (s. auch Klassenstufe 2). Zeitspannen, die frei gewählt werden können, sind in der Regel mit persönlichen Interessen verbunden. Dadurch kann das Verarbeiten entsprechender Inhalte positiv beeinflusst werden (*vgl. auch Radatz/Schipper/Dröge/Ebeling 1999*).

Kl. 3 | AUFGABE 3 S14 SACHRECHNEN OKTOBER

Rechne Zeiten aus, die für dich wichtig sind.
Rechne Zeiten aus, die für dich wichtig sind.
Rechne Zeiten aus, die für dich wichtig sind.
Rechne Zeiten aus, die für dich wichtig sind.
Rechne Zeiten aus, die für dich wichtig sind.
Rechne Zeiten aus, die für dich wichtig sind.
Rechne Zeiten aus, die für dich wichtig sind.
Rechne Zeiten aus, die für dich wichtig sind.
Rechne Zeiten aus, die für dich wichtig sind.
Rechne Zeiten aus, die für dich wichtig sind.
Rechne Zeiten aus, die für dich wichtig sind.

KINDERLÖSUNGEN:

THOMAS

Fußball: 15,30 bis 17,30 | 2 Stunden ×
Hofpause: 9,30 bis 9,50 | 20 Minuten ×
Fernsehen: ~~1x~~ 15,30 bis 19,00 | 4 Stunden ×
x Wochenende: 5,00 bis 19,00 | 14 Stunden

LONG

Samstag ~~16~~ von 16:00 bis 16:30 oder 17:00 Uhr
Ein Yugi Oh Duell. Also 30 minuten oder 60 Minute

Hofpause ~~9:30~~. 11:25, 9:30 bis 9:45

11:25 bis 11:45, 15 Minuten und 20 Minuten

Nitendo spieln von Samstag 12:00 bis 14:00 120 Minuten

Fernsehn Freitag 16:00 bis 18:00, 120 Minuten

DIAGNOSTISCHE BEOBACHTUNGEN UND FÖRDERASPEKTE:

Freizeit, Schule und Tagesablauf waren in unserer Projektklasse die wichtigsten Themen. Auch die Bedeutung der Hofpause wurde nachdrücklich hervorgehoben (vgl. *Thomas, Long, Josi*). Es ergab sich interessanter Gesprächsstoff für die Auswertungsrunde, u. a. bezüglich des Ausgestaltens der Freizeit (vgl. *Thomas*). Einzelne Schülerprodukte könnten darüber hinaus zu Übungen zur Berechnung von Zeitdauern verwendet werden.

JOSI

7.45 ← Schule bis → 12.30 / 13.30 → geht die Schule.
6.45 ← Tag bis → 21.00 / 21.15 → mein Tag geht von um 6.45 bis und um
21.00 oder 21.15 uhr ist mein Tag forbei.
9.30 ← Hofpause bis → 9.45 uhr geht die Hofpause.
21.00 oder 21.15 ← Nacht bis → 6.45 geht meine ~~sch~~ Schahle.

MARIE

Schwimmen fängt 15 Uhr an hört 16 uhr auf.
1 Stund.
Schule fängt 7.30 Uhr an hört 13.15 Uhr auf.
4 Stunden und
eine fiertel Stunde

TOM

Unser Unterich dauert 5 oder 6 Stunden deifodel 9 an und endet halb 12 oder 12 Uhr 30.

JULIANE

Mein Tanztrening begint 15.00 bis 17.45.
Uhr. Also dauert es 2 Stunden und
45 Minuten. ~~Musik~~ Musik dauert 1 Stunde
~~u~~ von 15^{00} bis 16^{00}.
~~I~~ Ich schlafe eine sie dauert 12 Stunden
~~und 30 Minuten also~~ ~~wu~~ von 19.30 bis
6.30 Uhr.

CAROLIN

Arening
Fußball 15^{30} ^{00} begin 16^{20} ^{00} aufhören
2 Stunden ↑
Schule 8^{20} Uhr begin 13^{30} Uhr aufhören
5 Stunden ↑
Spielen 4 Uhr begin 13^{30} Uhr aufhören
3 Stunden ↑

SEPTEMBER
OKTOBER
NOVEMBER
DEZEMBER
JANUAR
FEBRUAR
MÄRZ
APRIL
MAI
JUNI
JULI
AUGUST

**Bilde Subtraktionsaufgaben.
Beginne immer mit 1.000.**

ÜBUNGSINHALT, ÜBUNGSZIEL:

Diese Aufgabe verfolgte ähnliche Zielstellungen wie die Aufgabe 2. Inzwischen beschäftigten sich die Lernenden schon eine Weile mit dem Tausenderraum. Es gab eine relative Sicherheit beim Bewegen in diesem Zahlenraum.
Beim freien Bilden von Aufgaben durch die Schüler fällt immer wieder auf, dass Subtraktionen im Vergleich zu Additionsaufgaben viel weniger erzeugt werden. Das Rückwärtsschreiten ist nun einmal schwieriger als das Vorwärtsdenken beim Rechnen. Hin und wieder sollte eine Aufgabenstellung ausdrücklich Subtraktionen verlangen, um den Schülern zu ermöglichen, auch für diese Operation in den verschiedenen Zahlenräumen ihr Leistungsvermögen zu testen.

Kl. 3 | AUFGABE 4 | R17 | RECHNEN | OKTOBER

Bilde Subtraktionsaufgaben. Beginne immer mit 1.000.

Bilde Subtraktionsaufgaben. Beginne immer mit 1.000.

Bilde Subtraktionsaufgaben. Beginne immer mit 1.000.

Bilde Subtraktionsaufgaben. Beginne immer mit 1.000.

Bilde Subtraktionsaufgaben. Beginne immer mit 1.000.

Bilde Subtraktionsaufgaben. Beginne immer mit 1.000.

Bilde Subtraktionsaufgaben. Beginne immer mit 1.000.

Bilde Subtraktionsaufgaben. Beginne immer mit 1.000.

Bilde Subtraktionsaufgaben. Beginne immer mit 1.000.

Bilde Subtraktionsaufgaben. Beginne immer mit 1.000.

Bilde Subtraktionsaufgaben. Beginne immer mit 1.000.

KINDERLÖSUNGEN:

SASKIA

1. 1000 − 100 = 900
1000 − 1000 = 2000
~~1000 − 2 =~~
1000 − 600 = ~~600~~ 400
1000 − 500 = 500
1000 − 700 = 300
~~1000 − 800 =~~
1000 − 900 = 100
1000 − 400 = 600
1000 − 300 = 700
~~1000 −~~

JAKOB

1000 − 55 = 945
1000 − 37 = ~~9..63~~ 963
1000 − 67 = ~~9..~~ 933
1000 − 390 = 710
1000 − 990 = 10
1000 − 403 = 697
1000 − 906 = 194
1000 − 1000 = 0
1000 − 100 = 900
1000 − 10 = 990
1000 − 109 = 891
1000 − 1000 9 = −9
1000 − 17 = 893
1000 − 176 = 924
1000 − 899 = 201
1000 − 900 = 100
1000 − 809 = 291
1000 − 109 = 891

JOSEPHINE

1000 − 15 = 850
1000 − 25 = 750
1000 − 35 = 650
1000 − 45 = 550
1000 − 55 = 450

THOMAS

1000 − 500 = 500
1000 − 400 = 600
1000 − 300 = 700
1000 − 200 = 800
1000 − 100 = 900
1000 − 10000 = 000

DIAGNOSTISCHE BEOBACHTUNGEN UND FÖRDERASPEKTE:

Es war zu beobachten, dass schwächere Schüler beim Subtrahieren grobe Schritte wählten (vgl. *Saskia*). Andere, die den Zahlenaufbau bis 1.000 schon differenzierter verinnerlicht hatten, wagten sich an anspruchsvollere Aufgaben (vgl. *Jakob, Josephine, Long*). Dabei kam es zu nachvollziehbaren Fehlentscheidungen, auf die man im Auswertungsgespräch bzw. bei der weiteren unterrichtlichen Betrachtung gezielt eingehen könnte (z. B.: 1.000 – 790 = 310 / *Jakob*; 1.000 – 222 = 888 / *Long*; 1.000 – 15 = 850 / *Josephine*).

Aufgabenreihen, die von den Schülern aller Klassenstufen gern erzeugt wurden, erfüllen beim eigenständigen Lernen eine wichtige Funktion und führen keineswegs zum formalen Abarbeiten von Rechenaufgaben: Sie stützen die Lernenden beim Bewegen in noch nicht ganz sicheren Zahlen- und Rechenräumen. Dabei passiert es, dass man anfängliche Fehlüberlegungen weiter mitträgt (vgl. *Long*). Besonders bei den arithmetischen Aufgabenstellungen konnte man immer wieder beobachten, dass Schüler auch ihre vagen Wissensbausteine zur Anwendung brachten. So wurde *Pascal* durch die Aufgabenstellung angeregt, seine Anfangskenntnisse zu negativen Zahlen zum Ausdruck zu bringen.

LONG

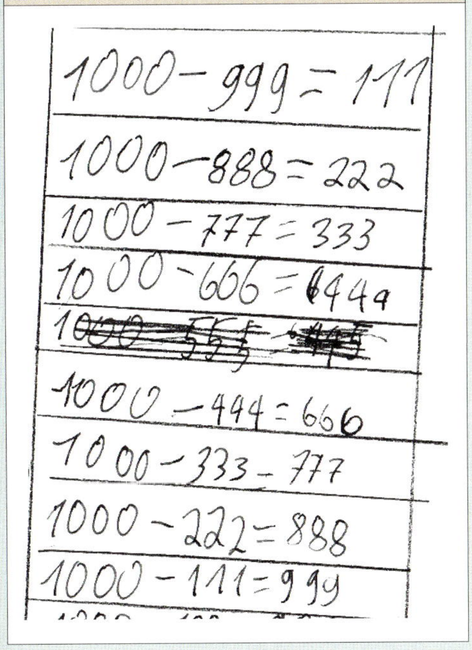

PASCAL

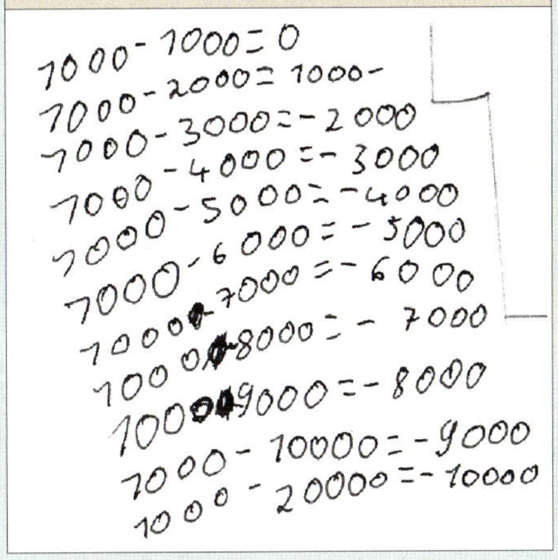

CAROLIN

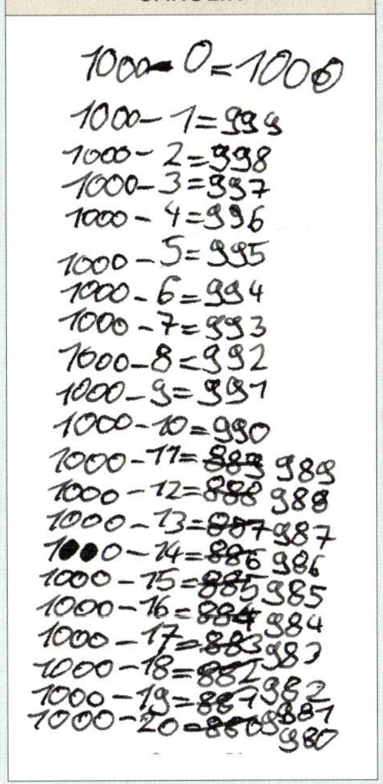

TOM

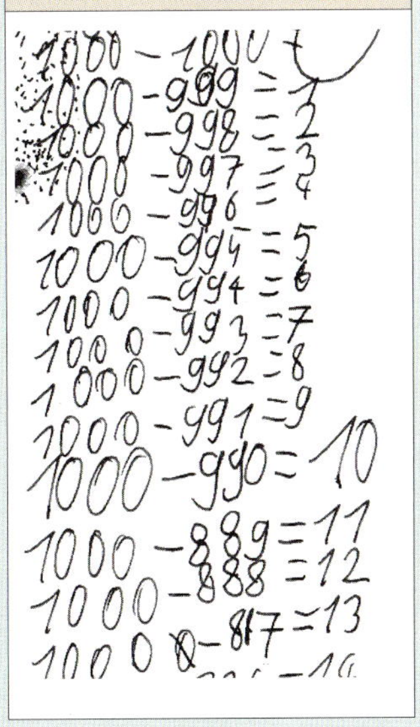

Schreibe Sachaufgaben zum Bild.

ÜBUNGSINHALT, ÜBUNGSZIEL:

Neben Texten können auch Bildsituationen, die genügend Offenheit lassen, als Vorlage für Situationen mit mathematischem Gehalt dienen. Der besondere Anspruch für die Lernenden besteht in der Suche nach geeigneten Mathematisierungen.

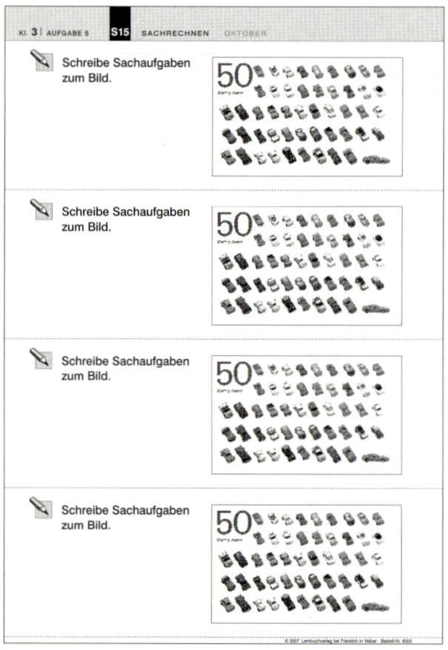

KINDERLÖSUNGEN:

JULIANE

Rechne aus wie viele Reifen sind es wenn man alle Autos nimt und Rechnet. Schreibe die Augabe und löse sie:

TOM

Jedes Auto fahrt 100 PS eins ist fährt 260 PS mache eine aufgabe...

THOMAS

es war einmal 50 Autos 50 - 40 = 10 und 10 kleine Autos. 10 - 2 = 8 - 6 = 2 - 4 = 2 -, und wen die Autos nicht ferschrotet sind dan fahren sie noch heute.

DIAGNOSTISCHE BEOBACHTUNGEN UND FÖRDERASPEKTE:

Wie die Beispiele zeigen, erzeugten die Kinder interessante Aufgabenideen. Sie gingen teilweise über ein Nachdenken im Rahmen von Addition und Subtraktion hinaus (vgl. *Juliane*). Einzelne Schüler konnten ihr spezielles Umweltwissen einbeziehen und damit die bildliche Vorgabe deutlich erweitern (vgl. *Juliane, Tom, Thomas*).

JOSI

1. Auf den Parkplaz stehen 50 ~~Autos~~ Auto's. Wievile Auto's müssen wegfahren ~~#~~ damit es noch 10 sind?

2. Auf den Parkplatz stehen 50 Auto's. Wievele Auto's müssen noch ~~dazu~~ ~~p~~parken damit ~~s~~ auf den Parkplatz ~~sp~~ parken? auf den Parkplatz 100 Auto's

JACOB

a. Frage: Wie viele Autos sind es wen mann von 50 33 wegnimt.

SEPTEMBER
OKTOBER
NOVEMBER
DEZEMBER
JANUAR
FEBRUAR
MÄRZ
APRIL
MAI
JUNI
JULI
AUGUST

Bilde Rechenaufgaben aus folgenden Zahlen: 344, 86, 70, 1.002, 300, 1, 0, 54, 671, 4.322, 100, 99, 34, 450. Wähle aus.

ÜBUNGSINHALT, ÜBUNGSZIEL:

Offene Aufgaben können mit mehr oder weniger Vorgaben verbunden sein. Werden nur wenige Bedingungen formuliert, liegen die strukturierenden Überlegungen zur Ausgestaltung der Aufgabe auf Seiten der Kinder und geben unter anderem interessante Aufschlüsse über ihr Konstruktionsvermögen. Bei der obigen Aufgabe sind die Strukturen weitgehend vorgegeben. Aus der Fülle der gegebenen Rechenzahlen ergeben sich allerdings trotzdem ausreichend eigenproduktive Möglichkeiten bis hin zu kombinatorischen Aspekten bei der Zusammenstellung möglicher Aufgaben. Die Aufgabe sollte den Schülern Gelegenheit geben, ihre Rechenfähigkeiten mit mehrstelligen Zahlen relativ unabhängig vom laufenden Curriculum zu erproben. Um den verschiedenen Leistungsgruppen gerecht zu werden, wurden Zahlen vorgegeben, die aus dem vertrauten Tausenderraum hinausführten und solche, die einfachere Rechnungen ermöglichten. Es müssen nicht so viele Zahlen sein, wie wir sie vorgaben – dies erschwert unter Umständen die Orientierung für leistungsschwache Schüler und ist auch für andere Schülergruppen bei der systematischen Suche nach Kombinationsmöglichkeiten ungünstig.

Kl. 3 | AUFGABE 6 R18 RECHNEN OKTOBER

Bilde Rechenaufgaben aus folgenden Zahlen: 344, 86, 70, 1.002, 300, 1, 0, 54, 671, 4.322, 100, 99, 34, 450. Wähle aus.

Bilde Rechenaufgaben aus folgenden Zahlen: 344, 86, 70, 1.002, 300, 1, 0, 54, 671, 4.322, 100, 99, 34, 450. Wähle aus.

Bilde Rechenaufgaben aus folgenden Zahlen: 344, 86, 70, 1.002, 300, 1, 0, 54, 671, 4.322, 100, 99, 34, 450. Wähle aus.

Bilde Rechenaufgaben aus folgenden Zahlen: 344, 86, 70, 1.002, 300, 1, 0, 54, 671, 4.322, 100, 99, 34, 450. Wähle aus.

Bilde Rechenaufgaben aus folgenden Zahlen: 344, 86, 70, 1.002, 300, 1, 0, 54, 671, 4.322, 100, 99, 34, 450. Wähle aus.

Bilde Rechenaufgaben aus folgenden Zahlen: 344, 86, 70, 1.002, 300, 1, 0, 54, 671, 4.322, 100, 99, 34, 450. Wähle aus.

Bilde Rechenaufgaben aus folgenden Zahlen: 344, 86, 70, 1.002, 300, 1, 0, 54, 671, 4.322, 100, 99, 34, 450. Wähle aus.

KINDERLÖSUNGEN:

MARIE

99 + 1 = 100
100 - 1 = 99
300 + 1 = (400) 301
1002 - 1 = 1001
450 + 34 = (754) 484
99 - 34 = (62) 65
99 - 99 + 1 + 34 - 99 = (0) 35 - 99 n. l.
1 + 1 + 1 + 1 + 99 = ~~300~~ 103
99 + 1 + 1 + 1 + 1 + 1 + 1 + 1 + 1 + 1 + 1 = ~~1010~~ (110) 109
70 + 0 + 1 + 0 + 1 + 0 + 1 = 73
1000 - 1 = 999
100 2 + 300 = 1302

VINCENT

1002 - 8 = 994
300 + 1000 = 1300
54 · 2 = 108
~~671 · 2 =~~ 689
671 + 18 = 99 (?)
4322 · 2 = 8644
100 · 11 = 1100
99 + 3 · 2 = 204

THERESA

500 + 500 + 2 = 1002
100 + 700 + 202 = 1002
4000 - 3000 + 2 = 1002
10000 - (9098) = 1002 8998
200 + 200 + 200 + 200 + 202 = 1002

DIAGNOSTISCHE BEOBACHTUNGEN UND FÖRDERASPEKTE:

Die vorgegebenen Rechenzahlen unterschieden sich u. a. bezüglich der Stellenzahl. Dies ermöglichte Hinweise auf Unsicherheiten der Schüler beim Bewegen zwischen verschiedenen Stellenwerten (vgl. z. B. *Marie*).

Es zeigte sich, dass, wie erwartet, die Schüler das Zahlenangebot entsprechend ihrer Fähigkeiten nutzten. Dabei gerieten sie mitunter in Bereiche, die sie noch nicht sicher beherrschten. Dieses eigenständige Voranschreiten dient trotz Fehlüberlegungen der Fähigkeitsentwicklung. Die Schüler setzen sich damit immer wieder Anfänge, die weiter entwickelt werden können (vgl. u. a. *Simon*).

Während die meisten Schüler für eine neue Aufgabe andere Zahlen auswählten, blieb *Tung* zunächst bei der gleichen Ausgangszahl und operierte von dieser ausgehend mit den verbliebenen Zahlen. Dann begann er mit der nächsten Zahl ebenso zu arbeiten. Auch auf solche systematischen Auswahlstrategien, die der Aufgabenbildung Struktur verleihen, könnte im Auswertungsgespräch aufmerksam gemacht werden.

SIMON

1002 + 4322 = 5324
450 + 99 = 549
0 + 1 = 1
671 + 344 = 1015
1 + 4322 = 4323
1002 < 54 = 1006
99 : 9 = 11
54 : 34 = 1 R 14 Überprüfe den Rest.
100 · 300 = 30.000
300 · 1002 = (3006) 300 600 300 · 1000 = 300 000 300 · 2 = 600 beides addieren
99 + 671 − 1 + 1 : 1 = (230) 770
4322 − 322 = 4000
10 · 10 · 10 · 10 · 10 · 10 · 10 · 10 · 10 = (20.000000) 1 000 000 000 eine Milliarde
300 · 1 = 300
100 · 100 = 10.000 schön
34 + 54 = 88
99 + 54 = 153 ....

TUNG

344 − 344 = 0, 344 + 86 = 430, 344 − 70 = 274, 344 + 1002 = 1346
344 − 300 = 44, 344 + 1 = 345, 344 − 0 = 344, 344 + 54 = 398, 344 +
671 = 1015, 344 + 4322 = 4666, 344 − 100 = 244, 344 − 99 = 245,
344 − 34 = 310, 344 − 450 = nl, ~~86 : 3 =~~ 86 − 70 = 16, 86 + 1002 = 1088,
86 + 300 = 386, ...

SEPTEMBER
OKTOBER
NOVEMBER
DEZEMBER
JANUAR
FEBRUAR
MÄRZ
APRIL
MAI
JUNI
JULI
AUGUST

Finde Zahlen, die du durch viele andere teilen kannst.

ÜBUNGSINHALT, ÜBUNGSZIEL:

Wichtig sind offene Aufgaben wie diese, die über traditionelles Unterrichtsgeschehen hinaus Einsichten vermitteln können und dazu anregen, Wissen unter neuen Gesichtspunkten zu reproduzieren und zu nutzen. Dieser Auftrag war zugleich auch eine Fortführung der schon in Klasse 2 gestellten Aufgaben zur Teilbarkeit natürlicher Zahlen (*vgl. Kl. 2, Aufgaben 5 und 12*).

Kl. 3 | AUFGABE 7 Z7 ZAHLEN UND ZAHLENBEZIEHUNGEN NOVEMBER

Finde Zahlen, die du durch viele andere teilen kannst.

Finde Zahlen, die du durch viele andere teilen kannst.

Finde Zahlen, die du durch viele andere teilen kannst.

Finde Zahlen, die du durch viele andere teilen kannst.

Finde Zahlen, die du durch viele andere teilen kannst.

Finde Zahlen, die du durch viele andere teilen kannst.

Finde Zahlen, die du durch viele andere teilen kannst.

Finde Zahlen, die du durch viele andere teilen kannst.

Finde Zahlen, die du durch viele andere teilen kannst.

Finde Zahlen, die du durch viele andere teilen kannst.

Finde Zahlen, die du durch viele andere teilen kannst.

KINDERLÖSUNGEN:

FELIX

24 : 6 = 4
24 : 8 = 3
24 : 4 = 6
24 : 3 = 8
24 : 12 = 2
24 : 2 = 12
24 : 1 = 24
24 : 24 = 1

LISA

36 : 6 = 6
36 : 4 = 9
36 : 9 = 4
36 : 2 = 18
36 : 18 = 2

32 : 8 = 4
32 : 4 = 8
32 : 2 = 16
32 : 16 = 2

100 : 10 = 10
100 : 2 = 50
100 : 50 = 2
100 : 4 = 25
100 : 25 = 4

24 : 6 = 4
24 : 4 = 6
24 : 2 = 12
24 : 12 = 2

1000 : 500 = 2
1000 : 2 = 500
1000 : 4 = 250
1000 : 250 = 4

DIAGNOSTISCHE BEOBACHTUNGEN UND FÖRDERASPEKTE:

Ein Teil der Schüler griff auf klassische Einmaleinszahlen zurück (vgl. *Felix* und *Lisa*). Andere vermuteten, dass die beim additiven Rechnen so bequemen, glatten Vielfachen von Zehnerpotenzen günstige Zahlen für das Teilen sind (vgl. *Dominic* und *Lisa*). Einige Schüler erprobten sich auch an beliebigen mehrstelligen Zahlen (vgl. *Sebastian*). Eigentlich war an das Teilen mit Rest nicht gedacht und *Sebastian* hatte das wohl zunächst auch nicht im Sinn. Er kam beim Bearbeiten der Zahl 132 zu einer Reihenbildung (erst durch 1, dann durch 2, 3, 4 usw.), diese verlangte nach Fortsetzung. So schob er sich von einem Divisor zum nächsten bis zur interessanten letzten Rechnung „132 : 133 = 1 Rest 1“, bei der ein Richtungsfehler entstand. Dass die 132 eine solch interessante Zahl zum Teilen ist, konnte *Sebastian* anfangs nicht wissen. Stolz präsentierte er seine Zahl und ihre Teiler. Die Lehrerin fand interessante Anknüpfungspunkte für gemeinsame Betrachtungen mit allen Schülern (z. B., warum solche interessanten Lösungen wie 22, 33, 44, 66 entstanden waren – als Teiler tritt die 11 auf und auch die 2, die 3, die 4, die 6, also sind auch multiplikative Verknüpfungen dieser Zahlen wieder Teiler). *Felix*, ein schwacher Rechner, war stolz auf seine vielen Aufgaben mit der 24 und *Dominic* konnte sein Anfangswissen zu gebrochenen Zahlen zum Ausdruck bringen.

SEBASTIAN

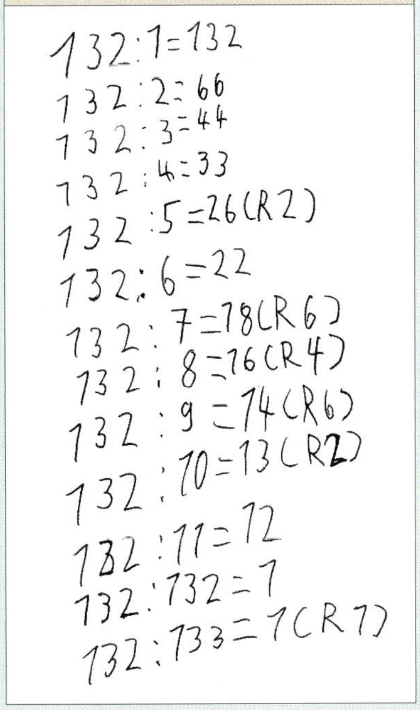

DOMINIC

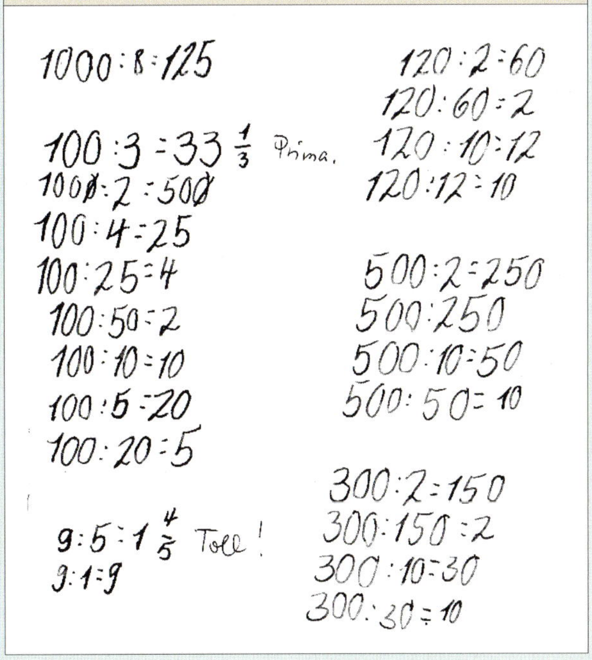

SEPTEMBER
OKTOBER
NOVEMBER
DEZEMBER
JANUAR
FEBRUAR
MÄRZ
APRIL
MAI
JUNI
JULI
AUGUST

Finde Zahlen, die du nicht durch andere teilen kannst (außer durch 1 und sich selbst). Probiere. Suche.

ÜBUNGSINHALT, ÜBUNGSZIEL:

Mit dieser Aufgabe wurde sozusagen die Gegenaufgabe zu Aufgabe 7 formuliert. Sie war für die Kinder deutlich schwieriger und zeigte, dass das Verständnis für unteilbare Zahlen bei Grundschulkindern nicht vorausgesetzt werden kann. Andererseits wurde deutlich, dass den Schülern bei Betrachtungen zur Division bzw. zur Teilbarkeit im Unterricht zwar die Division mit Rest begegnet, aber das Nachdenken über Zahlen, die nicht teilbar sind (außer durch 1 und sich selbst) scheinbar nicht angeregt wird.

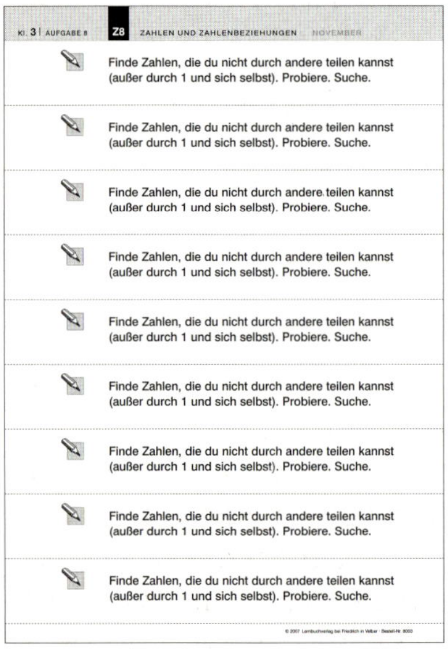

Kl. 3 | AUFGABE 8 Z8 ZAHLEN UND ZAHLENBEZIEHUNGEN NOVEMBER

Finde Zahlen, die du nicht durch andere teilen kannst (außer durch 1 und sich selbst). Probiere. Suche.

Finde Zahlen, die du nicht durch andere teilen kannst (außer durch 1 und sich selbst). Probiere. Suche.

Finde Zahlen, die du nicht durch andere teilen kannst (außer durch 1 und sich selbst). Probiere. Suche.

Finde Zahlen, die du nicht durch andere teilen kannst (außer durch 1 und sich selbst). Probiere. Suche.

Finde Zahlen, die du nicht durch andere teilen kannst (außer durch 1 und sich selbst). Probiere. Suche.

Finde Zahlen, die du nicht durch andere teilen kannst (außer durch 1 und sich selbst). Probiere. Suche.

Finde Zahlen, die du nicht durch andere teilen kannst (außer durch 1 und sich selbst). Probiere. Suche.

Finde Zahlen, die du nicht durch andere teilen kannst (außer durch 1 und sich selbst). Probiere. Suche.

Finde Zahlen, die du nicht durch andere teilen kannst (außer durch 1 und sich selbst). Probiere. Suche.

KINDERLÖSUNGEN:

MAIKA

45 : 100 = n. Lös
15 : 15 = n. Lös
16 : 5 = n. Lös
10 : 9 = n. Lös
12 : 5 = n. Lös
35 : 6 = n. Lös
50 : 7 = n. Lös
11 : 7 = n. Lös
13 : 5 = n. Lös

TUNG

1 : 1 = 1
0 · 1 = 0
~~0 : 0 = 0~~
17 : 1 = 17
17 : 17 = 1
51 : 51 = 1
51 : 1 = 51
9 : 9 = 1
9 : 1 = 9
7 : 7 = 1
7 : 1 = 7
5 : 5 = 1
5 : 1 = 5
11 : 11 = 1
11 : 1 = 11
13 : 13 = 1
13 : 1 = 13
~~15 : 15 = 1~~
~~15 : 1 = 15~~
19 : 19 = 1
19 : 1 = 19
~~21 : 21 = 1~~

DIAGNOSTISCHE BEOBACHTUNGEN UND FÖRDERASPEKTE:

Vor allem für schwächere Schüler fehlten die Anhaltspunkte bei der Suche nach solchen Zahlen (vgl. *Maika*).

Wenn es um Zahlen geht, die man nicht in gleiche Teile zerlegen kann, favorisieren viele Kinder die ungeraden Zahlen. Dadurch werden häufig auch Zahlen wie 9 oder 15, auch 51 usw. den „unteilbaren" Zahlen zugeordnet. Wenn in Klassenstufe 3 eine solche Aufgabe formuliert wird, kann es nur darum gehen, die Sicht auf diese Zahlengruppe anzubahnen, damit Wissen nicht ausschließlich in allzu engen Feldern gespeichert wird (bezüglich der Teilbarkeit vor allem im Rahmen der Einmaleinszahlen). Auch bei der Behandlung der Division mit Rest könnte dem Phänomen „Primzahlen" erste Aufmerksamkeit geschenkt werden.

Erfahrungen mit ähnlichen Aufgabenstellungen:

Die 11 ist eine merkwürdige Zahl.
Wie man sie auch teilen will, sie lässt immer einen Rest.
Suche nach anderen unteilbaren Zahlen.

Diese Aufgabe wurde im Frühjahr in einer anderen Projektklasse bearbeitet (Mai). Die Suche nach Primzahlen fiel den Schülern aber auch hier schwer. Eventuell ist ein solcher Auftrag für die Klassenstufe 4 geeigneter.

ISABEL

37, 41, 51, 47, 23. 3, 5, 7, °11, 13, 19, 101, 1, ~~27~~,
103, 107, 109, 111, 113, 117, 119, 121, 123, , 127,
129, 131, 133, 211, 213, 137 141 ~~105~~ 139 143, 147, 247,
243, 149, 151, 153, 157, 77, 57, 159, 161, 163

Zeichne Figuren, die symmetrisch sind.

ÜBUNGSINHALT, ÜBUNGSZIEL:

Die Symmetrie, vor allem die Achsensymmetrie, ist seit vielen Jahren ein klassischer Unterrichtsinhalt (*vgl. Franke 2000*). Eine offene Aufgabe dieser Art bietet die Chance, ein solches Thema unabhängig vom gerade behandelten geometrischen Stoff aufzugreifen, Wissensentwicklungen – auch Wissensbeeinflussungen durch die außerschulische Umwelt – zu beobachten und bewusst werden zu lassen. Je nach Art der Arbeitsprodukte, die von den Schülern erzeugt werden, kann auch an eine Weiterentwicklung der Inhalte gedacht werden, z. B. könnte auf andere Arten der Symmetrie (z. B. die Drehsymmetrie) verwiesen werden. Eigenschaften symmetrischer Figuren könnten vertiefend hervorgehoben und anschließend notiert werden.

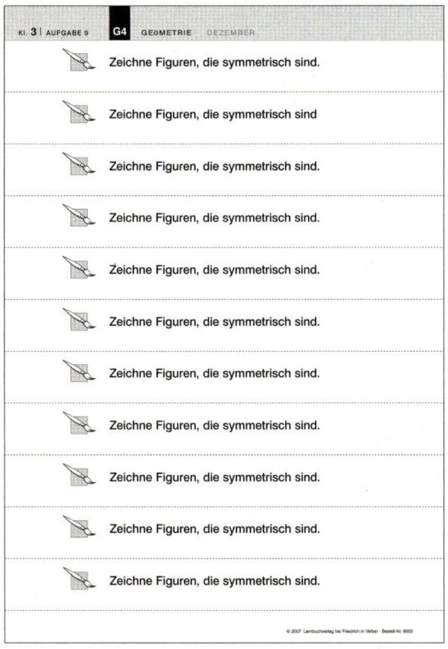
Kl. 3 | AUFGABE 9 | G4 GEOMETRIE DEZEMBER

Zeichne Figuren, die symmetrisch sind.

Zeichne Figuren, die symmetrisch sind

Zeichne Figuren, die symmetrisch sind.

Zeichne Figuren, die symmetrisch sind.

Zeichne Figuren, die symmetrisch sind.

Zeichne Figuren, die symmetrisch sind.

Zeichne Figuren, die symmetrisch sind.

Zeichne Figuren, die symmetrisch sind.

Zeichne Figuren, die symmetrisch sind.

Zeichne Figuren, die symmetrisch sind.

Zeichne Figuren, die symmetrisch sind.

KINDERLÖSUNGEN:

JAKOB

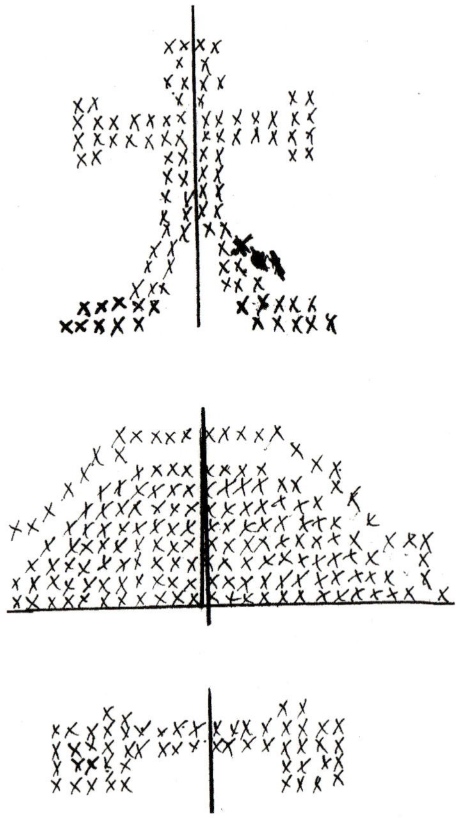

THOMAS

DIAGNOSTISCHE BEOBACHTUNGEN UND FÖRDERASPEKTE:

In den Heften der Schüler entstanden vielfältige Darstellungen zur Symmetrie. Den Hauptteil der Abbildungen machten achsensymmetrische Figuren aus. Die Produktionen der Schüler spiegelten vor allem eine vertikale Sicht auf Achsensymmetrien wider (vgl. *Jakob* und *Kevin*). Symmetrieachsen mit horizontaler Ausrichtung, wie bei *Juliane*, waren selten. Die Tatsache, dass man nicht nur Symmetrien als Eigenschaft von Figuren entdecken, sondern dass z. B. beim Spiegeln eine Figur noch einmal (oder auch mehrfach) mit entgegengesetztem Richtungssinn entstehen kann, griffen nur wenige Schüler auf. Dass eine solche Darstellung mitunter gar nicht so leicht gelingt, machte die Zeichnung von *Thomas* deutlich.

KEVIN

JULIANE

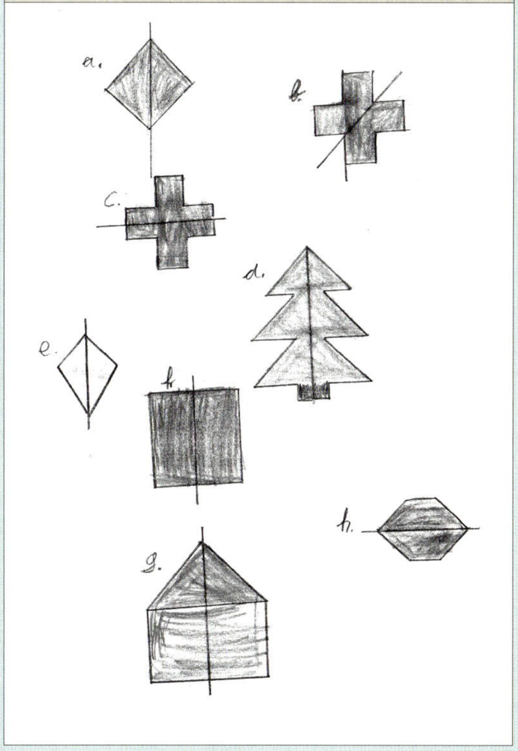

Schreibe für Kinder einer 2. Klasse eine Sachaufgabe. Du kannst auswählen:
A: Die Kinder sollen malnehmen.
B: Die Kinder sollen teilen.
C: Die Kinder sollen addieren.
D: Die Kinder sollen subtrahieren.

ÜBUNGSINHALT, ÜBUNGSZIEL:

Traditionell im Sachrechnen verankert ist das Schreiben von Sachaufgaben aufgrund formaler Vorgaben. Sowohl die Vorgabe der Rechenoperation als auch das Formulieren von Sachaufgaben ausgehend von Rechenaufgaben gehört zu den Unterrichtsinhalten des Sachrechnens. Voraussetzung ist eine gewisse Vertrautheit mit der entsprechenden Rechenoperation, da die Aufgabenstellung schon zu einer recht hohen abstrakten Ebene führt, die ein gutes Operationswissen voraussetzt. Bei Aufgaben wie der obigen können leistungsschwächere Schüler sich auf die einfacheren Rechenoperationen konzentrieren.

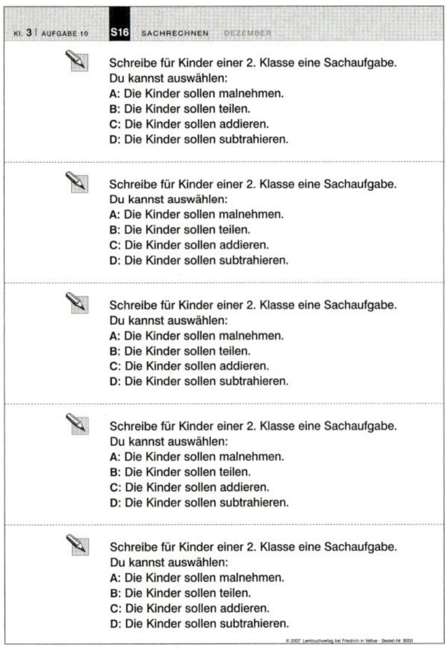
Kl. 3 | AUFGABE 10 S16 SACHRECHNEN DEZEMBER

Schreibe für Kinder einer 2. Klasse eine Sachaufgabe.
Du kannst auswählen:
A: Die Kinder sollen malnehmen.
B: Die Kinder sollen teilen.
C: Die Kinder sollen addieren.
D: Die Kinder sollen subtrahieren.

Schreibe für Kinder einer 2. Klasse eine Sachaufgabe.
Du kannst auswählen:
A: Die Kinder sollen malnehmen.
B: Die Kinder sollen teilen.
C: Die Kinder sollen addieren.
D: Die Kinder sollen subtrahieren.

Schreibe für Kinder einer 2. Klasse eine Sachaufgabe.
Du kannst auswählen:
A: Die Kinder sollen malnehmen.
B: Die Kinder sollen teilen.
C: Die Kinder sollen addieren.
D: Die Kinder sollen subtrahieren.

Schreibe für Kinder einer 2. Klasse eine Sachaufgabe.
Du kannst auswählen:
A: Die Kinder sollen malnehmen.
B: Die Kinder sollen teilen.
C: Die Kinder sollen addieren.
D: Die Kinder sollen subtrahieren.

Schreibe für Kinder einer 2. Klasse eine Sachaufgabe.
Du kannst auswählen:
A: Die Kinder sollen malnehmen.
B: Die Kinder sollen teilen.
C: Die Kinder sollen addieren.
D: Die Kinder sollen subtrahieren.

KINDERLÖSUNGEN:

JULIANE

Frau Riger geht einkaufen! Sie kauft 5 Äpfel und 10 Birnen! Ein Apfel kostet ~~75~~ 00,75€ und eine Birne kostet 00,55€. Wie viel bekommt sie zurük wenn sie einen 50,00€ sehschein der Ferkäuferinn gibt? ~~Addire zusammen~~. Nemme weg!

LONG

1. Eine keine Malgeschechte
: In der Schule sin essen die Kinder: in der Kuche sind 20 Tische und an jedem sind 4 Platse. 20 Kinder?
Frage 4 · ☐ = 20 + 24 + ☐

eine kleine Geteilt aufgabe
2.: 30 ~~Schafe~~ Enten sind ~~…~~ in einen ~~Bauernhof~~ 2 Bauernhof ~~kanst~~ kannst du durch 30 teile
2 : 30 = ☐

DIAGNOSTISCHE BEOBACHTUNGEN UND FÖRDERASPEKTE:

Die Rechentexte der Kinder auf der Grundlage der formalen Vorgaben spiegelten vor allem typische Unterrichtsaufgaben wider. Es wurden fast ausschließlich Zusammenhänge erzeugt, die auf Additionen bzw. Subtraktionen beruhen. Die Mehrzahl der dargestellten Situationen hatte Simplexcharakter (eine Rechenoperation ist zu absolvieren). Komplexaufgaben, wie sie *Juliane* formulierte, kamen selten vor. Ein Schüler versuchte sich an Texten zur Multiplikation und Division (vgl. *Long*). Dass dies für Drittklässler noch schwierig ist, machten seine Bemühungen deutlich. Operationsbeziehungen zur Multiplikation und Division waren auch in dieser Klassenstufe noch vorwiegend an die reine Rechenebene gebunden. Der Operation selbst zugrunde liegende Zusammenhänge, wie das Vervielfachen einer Ausgangsmenge oder das Bilden von Teilen, standen auf der Anwendungsebene scheinbar noch nicht zur Verfügung.

PASCAL

In einen Bus Steigen 15 Kinder ein Bus en dan ~~&~~ kommen noch ~~2~~ 3 Kinder dazu der Bus hat 20 Sidsblätze wie fiele Kinder müsen Stehenbleiben. –

JOSEPHINE

Heute ist Wandertag es gehen insgesamt ~~34~~ 3 4 kinder mit es ferlaufen sich 15 kinder. wieviele kinder bleiben übrig.

TOM

~~Löse X eine~~ Subtrahiere die Zahlen 50 und ~~3~~ 10 überlege genau.

Löse diese Malaufgabe mit diesen Zahlen, 9 und 6 überlege genau.

KEVIN

In einer Klasse sind 17 Kinder.
In einer anderen Klasse sind 20 Kinder.

Frage:

Rechnung:

Antwort:

Suche Zahlen, die man durch 4 teilen kann.

ÜBUNGSINHALT, ÜBUNGSZIEL:

Die Aufgabe hatte wiederum zum Ziel, von den Schülern Teilbarkeitsbeziehungen entdecken zu lassen (*vgl. auch Kl. 2, Aufgaben 7, 8 und 5, 12*). Da den Schülern in Klassenstufe 3 entsprechende Regeln nicht bekannt sind, müssen die notwendigen Beziehungen vor allem über Einmaleinskenntnisse hergeleitet werden. Für leistungsstarke Schüler kann die Aufgabenstellung Anlass sein, über das kleine Einmaleins hinaus, Zahlen bezüglich der Teilbarkeit durch 4 zu untersuchen.

Kl. 3 | AUFGABE 11 Z9 ZAHLEN UND ZAHLENBEZIEHUNGEN JANUAR

Suche Zahlen, die man durch 4 teilen kann.
Suche Zahlen, die man durch 4 teilen kann.
Suche Zahlen, die man durch 4 teilen kann.
Suche Zahlen, die man durch 4 teilen kann.
Suche Zahlen, die man durch 4 teilen kann.
Suche Zahlen, die man durch 4 teilen kann.
Suche Zahlen, die man durch 4 teilen kann.
Suche Zahlen, die man durch 4 teilen kann.
Suche Zahlen, die man durch 4 teilen kann.
Suche Zahlen, die man durch 4 teilen kann.
Suche Zahlen, die man durch 4 teilen kann.
Suche Zahlen, die man durch 4 teilen kann.
Suche Zahlen, die man durch 4 teilen kann.

KINDERLÖSUNGEN:

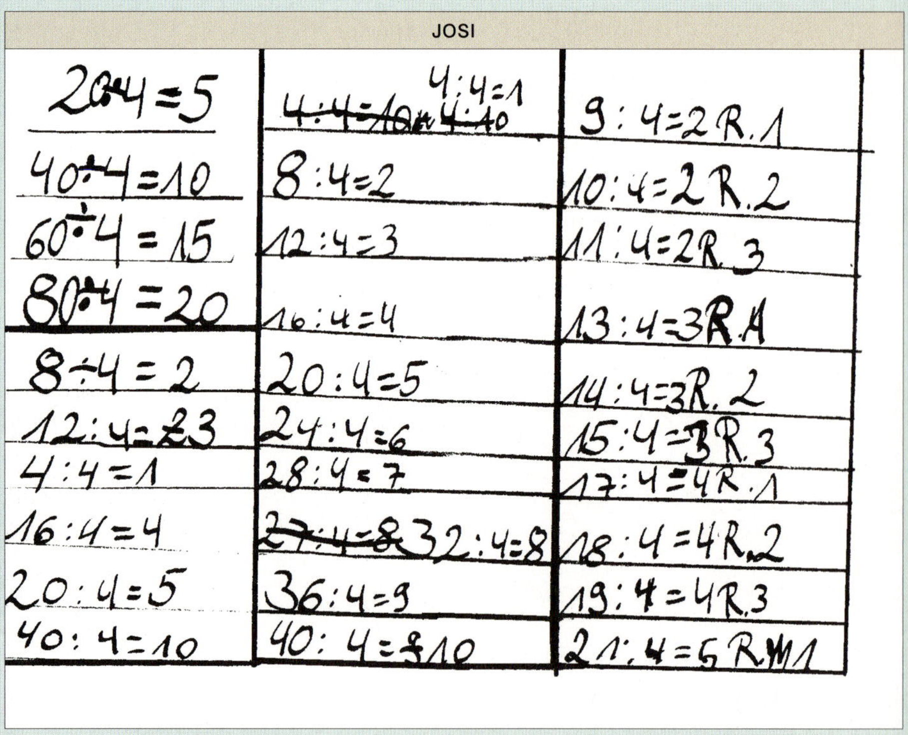

JOSI

20:4=5	4:4=1 ~~4:4=10~~	9:4=2R.1
40:4=10	8:4=2	10:4=2R.2
60:4=15	12:4=3	11:4=2R.3
80:4=20	16:4=4	13:4=3R.1
8:4=2	20:4=5	14:4=3R.2
12:4=23	24:4=6	15:4=3R.3
4:4=1	28:4=7	17:4=4R.1
16:4=4	~~27:4=8~~ 32:4=8	18:4=4R.2
20:4=5	36:4=9	19:4=4R.3
40:4=10	40:4=810	21:4=5R.1

DIAGNOSTISCHE BEOBACHTUNGEN UND FÖRDERASPEKTE:

Je nach Leistungsvermögen und Leistungsanspruch orientierten sich die Schüler an den vertrauten Einmaleinszahlen (vgl. *Josi)* oder suchten nach durch 4 teilbaren Zahlen außerhalb dieses Rahmens (vgl. *Marie* und *Josephine*). Bei beiden Schülerinnen sind Ansätze einer systematischen Suche zu erkennen.

Im auswertenden Gespräch mit den Drittklässlern können die bei der Zahlensuche verwendeten Strategien eine Rolle spielen und Eigenschaften dieser Zahlen genauer betrachtet werden. So könnte Josephines Arbeit Anlass zu folgender Gedankenkonstruktion sein: „Wenn man weiß, dass 100 durch 4 teilbar ist, dann müsste doch auch 104, 108, 116, 120, 124 usf. durch 4 teilbar sein. Gelingt das auch ausgehend von 200?“ So kann Wissen über den Rahmen, den Grundschulmathematik setzt, hinausgeführt werden. Ein Teil der Schülerschaft kann diese Anregungen aufnehmen und später andere Anknüpfungspunkte dafür finden. Auf diese Weise ist auch der ganz normale Mathematikunterricht in der Lage, die Kinder zu fördern, die über die Rechentechnik hinaus Ressourcen haben.

MARIE

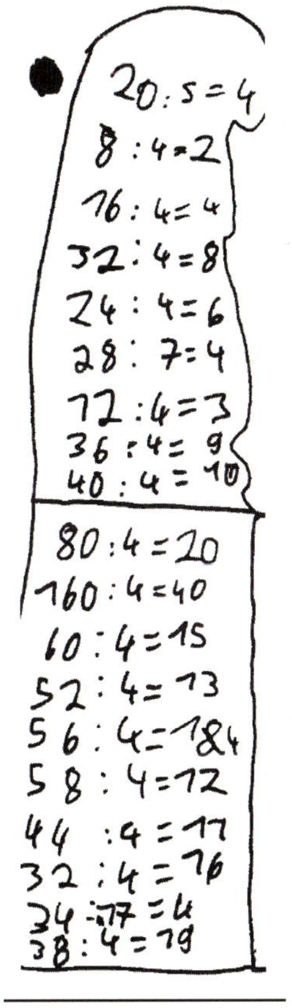

JOSEPHINE

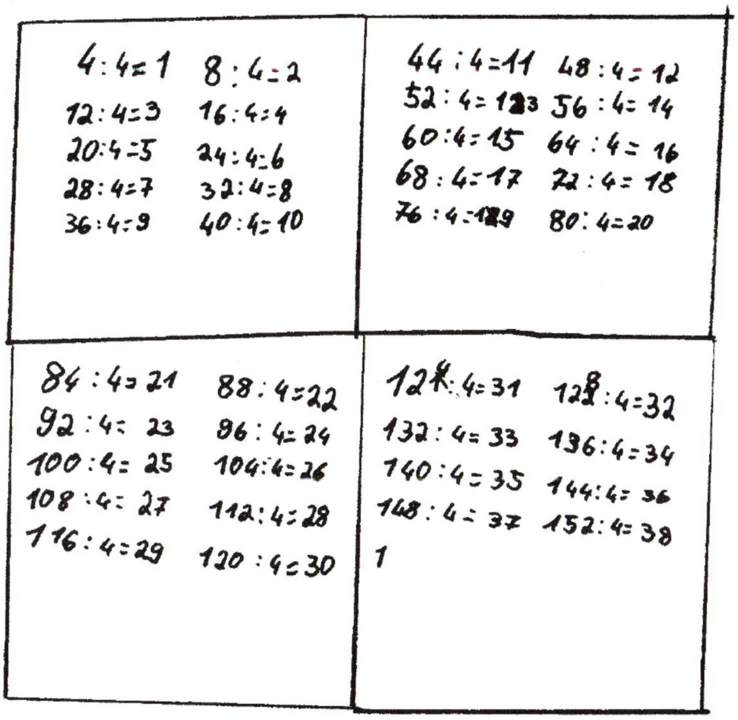

SEPTEMBER
OKTOBER
NOVEMBER
DEZEMBER
JANUAR
FEBRUAR
MÄRZ
APRIL
MAI
JUNI
JULI
AUGUST

Deine Startzahl ist 24. Bilde damit Aufgaben.

ÜBUNGSINHALT, ÜBUNGSZIEL:

Während des Projektes wurde wiederholt mit Startzahlen gearbeitet. Die Zahl 24 bietet günstige Anknüpfungspunkte für alle vier Rechenoperationen (*vgl. auch Kl. 2, Aufgabe 8*).

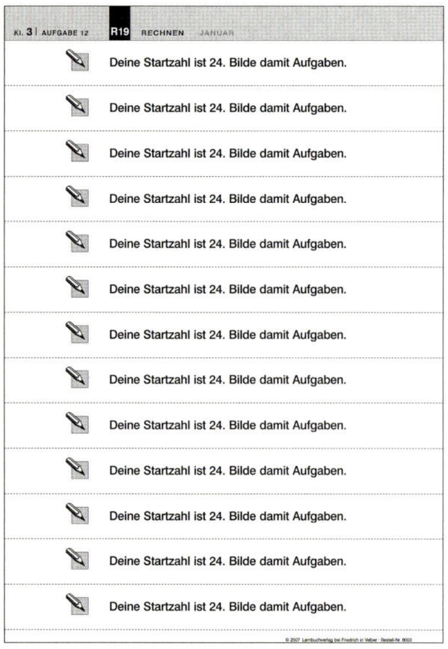
Kl. 3 | AUFGABE 12 R19 RECHNEN JANUAR

Deine Startzahl ist 24. Bilde damit Aufgaben.
Deine Startzahl ist 24. Bilde damit Aufgaben.
Deine Startzahl ist 24. Bilde damit Aufgaben.
Deine Startzahl ist 24. Bilde damit Aufgaben.
Deine Startzahl ist 24. Bilde damit Aufgaben.
Deine Startzahl ist 24. Bilde damit Aufgaben.
Deine Startzahl ist 24. Bilde damit Aufgaben.
Deine Startzahl ist 24. Bilde damit Aufgaben.
Deine Startzahl ist 24. Bilde damit Aufgaben.
Deine Startzahl ist 24. Bilde damit Aufgaben.
Deine Startzahl ist 24. Bilde damit Aufgaben.
Deine Startzahl ist 24. Bilde damit Aufgaben.
Deine Startzahl ist 24. Bilde damit Aufgaben.

KINDERLÖSUNGEN:

FELIX

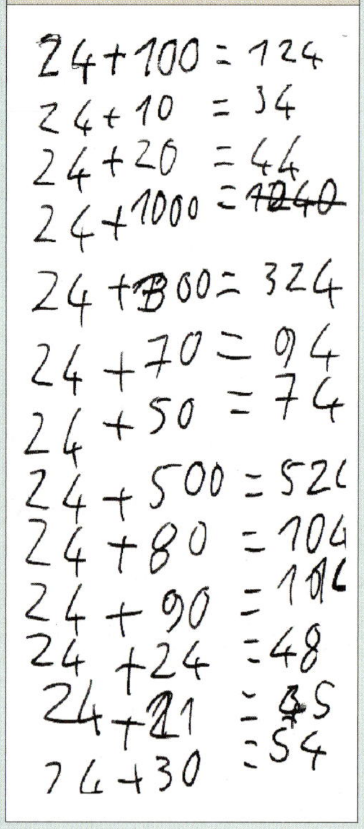

VINCENT

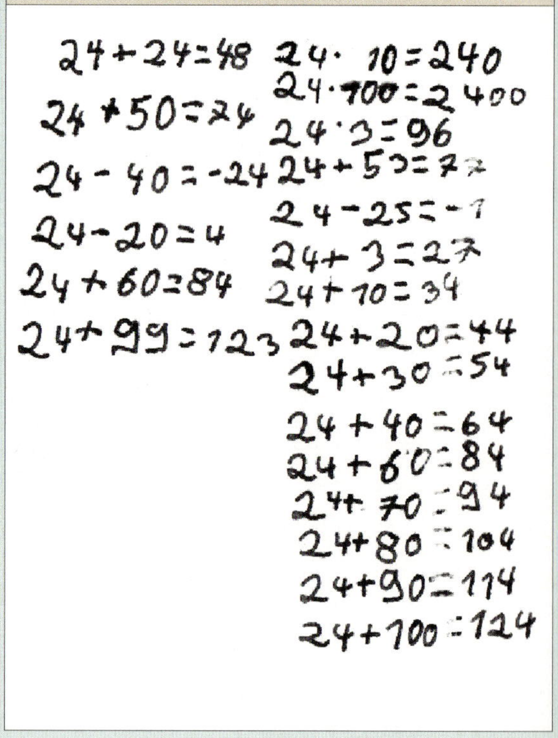

DIAGNOSTISCHE BEOBACHTUNGEN UND FÖRDERASPEKTE:

Die Beispiele zeigen, dass sich alle Leistungsgruppen verwirklichen konnten: *Felix* wählte für ihn erreichbare Additionen. *Vincent* suchte nach schwierigeren Operationen und Aufgaben bis hin zu dem Versuch, mit negativen Zahlen zu arbeiten. *Tung* hatte den Anspruch, mit allen vier Rechenoperationen zu arbeiten und *Simon* führte seine Arbeit bis zu komplexen Aufgaben, die er ohne das Wissen um die Regel „Punktrechnung vor Strichrechnung" vollzog. Auf diese Regel könnte er im auswertenden Gespräch aufmerksam gemacht werden.

TUNG

24+1=25	24−11=13	24·1=24	24:6=4
24+2=26	24−12=12	24·2=48	24:4=6
24+3=27	24−13=11	24·3= ~~92~~ ~~82~~ 72	24:1=24
24+4=28	24−14=10	24·4= ~~116~~ ~~106~~ 96	24:2=12
24+5=29	24−15=9	24·5= ~~140~~ ~~130~~ 120	24:3=8
24+6=30	24−16=8	24·6= ~~164~~ ~~154~~ 144	24:8=3
24+7=31	24−17=7	24·7= ~~X~~ 8 ~~188~~ ~~178~~ 168	24:12=2
24+8=32	24−18=6	24·8= ~~212~~ ~~202~~ 192	24:24=1
24+9=33	24−19=5	24·9= ~~236~~ ~~226~~ 216	~~24:~~
24+10=34	24−20=4	24·10=240	~~24:~~

SIMON

24:6=4, 24·3=72, 24−23=01, 24+154=178, 24:12=2,
24+76=100, 24−17=7, 24·10=240, 24+1100=1124, 24+48=72,
24·1=24, 24·10=240, 24−11=13, 24+356=380, 24:8=3,
24−18=6, 24+100=124, 24·5=120, 24+39=63, 24·6=144, 24+9=33
24+106=130, 24·4=96, 24·10+24·10=2640, 24+24·2=96
24−20+6:2+15−8=12, 24+16−4:6·2=12, 24·2−8:4+16=26
24+56·2+8−5=163, 24·2−15−3:10=03, 24:6·5:5=04
24+90=114, 24·3+9−18·2+5·10=1310, 24+18·10=420

SEPTEMBER
OKTOBER
NOVEMBER
DEZEMBER
JANUAR
FEBRUAR
MÄRZ
APRIL
MAI
JUNI
JULI
AUGUST

Nimm eine große Zahl.
Rechne so, dass sich deine Ausgangszahl verkleinert.

ÜBUNGSINHALT, ÜBUNGSZIEL:

Diese Aufgabenstellung kann zu interessanten, weiterführenden Betrachtungen führen, die das Wissen zu Rechenoperationen abrundet. In der Regel wählen die Lernenden bei dieser Aufgabenstellung die Subtraktion als Operation, bei der die Ausgangszahlen kleiner werden. Die Tatsache, dass dies auch andere Operationen vermögen, kann den Blickwinkel der Schüler erweitern. Darauf, dass auch die Operation Division diese Aufgabe erfüllen kann und eigentlich auch der Sonderfall der Multiplikation, bei dem eine Zahl mit Null multipliziert wird, könnte in auswertenden Gesprächen hingewiesen werden.

Kl. 3 | AUFGABE 13 | R20 RECHNEN FEBRUAR

Nimm eine große Zahl.
Rechne so, dass sich deine Ausgangszahl verkleinert.

Nimm eine große Zahl.
Rechne so, dass sich deine Ausgangszahl verkleinert.

Nimm eine große Zahl.
Rechne so, dass sich deine Ausgangszahl verkleinert.

Nimm eine große Zahl.
Rechne so, dass sich deine Ausgangszahl verkleinert.

Nimm eine große Zahl.
Rechne so, dass sich deine Ausgangszahl verkleinert.

Nimm eine große Zahl.
Rechne so, dass sich deine Ausgangszahl verkleinert.

Nimm eine große Zahl.
Rechne so, dass sich deine Ausgangszahl verkleinert.

Nimm eine große Zahl.
Rechne so, dass sich deine Ausgangszahl verkleinert.

Nimm eine große Zahl.
Rechne so, dass sich deine Ausgangszahl verkleinert.

KINDERLÖSUNGEN:

JULIANE

10000 – 999 = 10001
2004 – 2003 = 1
11111 – 1111 = 10000
11212 – 1212 = 10000
100 – 34 = 66

DIAGNOSTISCHE BEOBACHTUNGEN UND FÖRDERASPEKTE:

Das „Verkleinern von Zahlen“ mithilfe des Rechnens war nicht für alle Schüler gleich einsichtig. Als Rechenoperation, die das vermag, wurde ausschließlich die Subtraktion gewählt. *Juliane* orientierte sich zunächst an einzelnen Aufgaben und kam im Anschluss zu einer systematischen Reihenbildung (ohne Abbildung) ähnlich wie auch *Carolin*. *Kevin* arbeitete mithilfe der schriftlichen Subtraktion und subtrahierte von der Ausgangszahl zunächst 111 und dann immer 11. Im Auswertungsgespräch wurde von der Lehrerin auf die Division aufmerksam gemacht, die beim Rechnen mit natürlichen Zahlen, von Ausnahmen abgesehen, auch zu kleineren Zahlen führt. Die Ausnahmen könnten von den Schülern entdeckt werden. In diesem Zusammenhang könnte auch die nicht gestattete Division durch 0 eine Rolle spielen, die im Rahmen der hier vorgestellten offenen Aufgaben immer wieder auftauchte.

CAROLIN

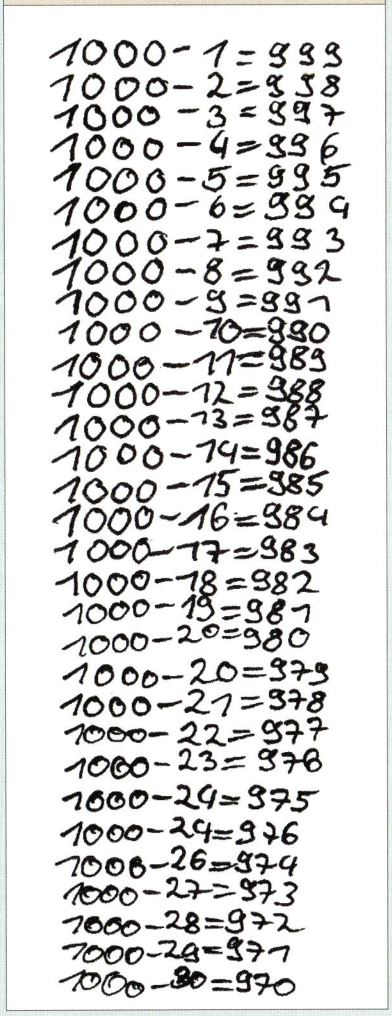

KEVIN

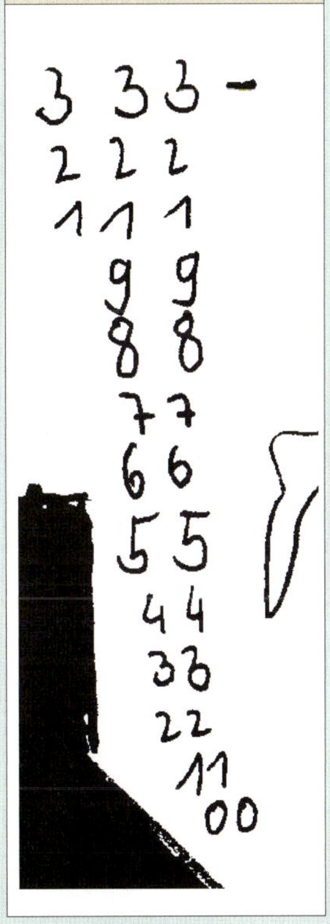

**Schreibe die größten Zahlen auf, die du lesen kannst.
Schreibe die Namen dieser Zahlen dazu.
Von welchen Zahlen kennst du die Namen,
kannst sie aber noch nicht schreiben?
Schreibe auch diese Namen auf.**

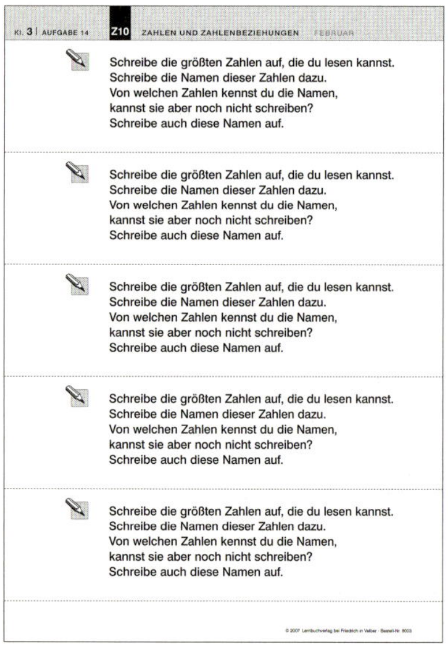
Kl. 3 | AUFGABE 14 Z10 ZAHLEN UND ZAHLENBEZIEHUNGEN FEBRUAR

Schreibe die größten Zahlen auf, die du lesen kannst.
Schreibe die Namen dieser Zahlen dazu.
Von welchen Zahlen kennst du die Namen,
kannst sie aber noch nicht schreiben?
Schreibe auch diese Namen auf.

Schreibe die größten Zahlen auf, die du lesen kannst.
Schreibe die Namen dieser Zahlen dazu.
Von welchen Zahlen kennst du die Namen,
kannst sie aber noch nicht schreiben?
Schreibe auch diese Namen auf.

Schreibe die größten Zahlen auf, die du lesen kannst.
Schreibe die Namen dieser Zahlen dazu.
Von welchen Zahlen kennst du die Namen,
kannst sie aber noch nicht schreiben?
Schreibe auch diese Namen auf.

Schreibe die größten Zahlen auf, die du lesen kannst.
Schreibe die Namen dieser Zahlen dazu.
Von welchen Zahlen kennst du die Namen,
kannst sie aber noch nicht schreiben?
Schreibe auch diese Namen auf.

Schreibe die größten Zahlen auf, die du lesen kannst.
Schreibe die Namen dieser Zahlen dazu.
Von welchen Zahlen kennst du die Namen,
kannst sie aber noch nicht schreiben?
Schreibe auch diese Namen auf.

ÜBUNGSINHALT, ÜBUNGSZIEL:

Von großen Zahlen geht für Grundschulkinder immer eine Faszination aus. Dies ist von Schulanfang an zu beobachten. In Klassenstufe 3, wenn Zahlen bis 10.000 und darüber hinaus in Reichweite rücken, können über offene Aufgaben auch größere Zahlen, als es der systematische Stoffaufbau vorsieht, angesprochen werden. Die Kinder werden dadurch angeregt, über die eigenen Zahlenraumgrenzen hinauszublicken und dabei die Regeln des dekadischen Zahlsystems bei der Bildung weniger vertrauter Zahlen anzuwenden.

KINDERLÖSUNGEN:

JULIANE

ich kann es bis 1.000.000 Milionen

Die Zahl drillo ionen kann ich is nicht schreiben ich gaube aber sie wird so geschriben:
333333333

MARIE

1.000000 | Milion
2.000000 | Zweemilionen...
10,000000 | Zehnmilionen
Zwanzigmilionen | 20,000000...
100,000000 | Hunderdmilionen
200,000000 | Zweihundertmilionen....

Biljonen — Driljonen
Ziljonen — Unendlich

DIAGNOSTISCHE BEOBACHTUNGEN UND FÖRDERASPEKTE:

Die Beispiele zeigen, wie weit die Kenntnisse zum Zahlenaufbau und das Gefühl für Zahlen die Lernenden vordringen ließ. Der Zusammenhang zwischen Kenntnissen zu Zahlenräumen und mathematischen Kompetenzen wurde bei dieser Aufgabenstellung besonders deutlich. Die leistungsstarken Schüler erreichten ungefähr den Zahlenraum bis zu einer Million (vgl. *Juliane*, *Marie, Thomas*). Für Zahlen darüber hinaus gab es mitunter schon Anfangswissen (vgl. ebenda). Einen konsequenten Zahlenaufbau nach Zehnerpotenzen demonstrierte *Thomas*.

Die Schüler mit Lernschwierigkeiten konnten über den im Unterricht erarbeiteten Zahlenraum bis 1.000 nicht hinausschauen (vgl. *Saskia*). Dass sehr große Zahlen mit vielen Nullen gebildet werden, war aber auch dieser Schülergruppe bewusst (vgl. *Pascal*).

THOMAS

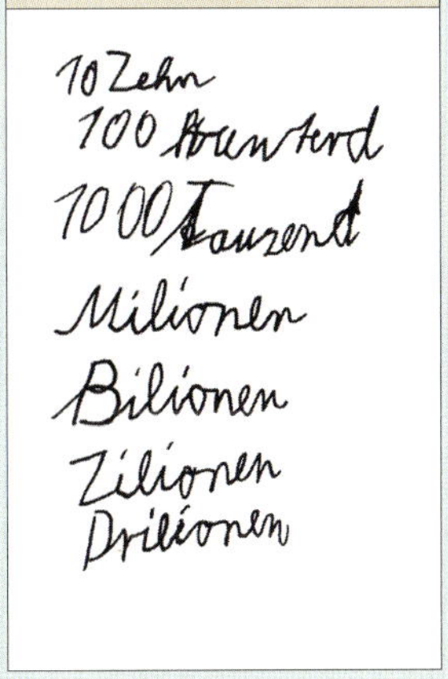

SASKIA

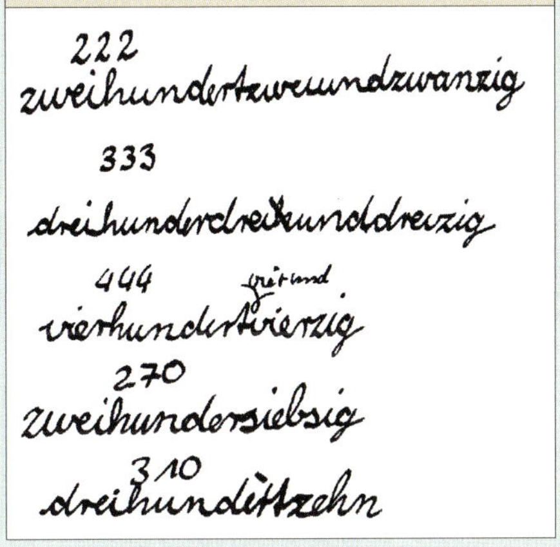

PASCAL

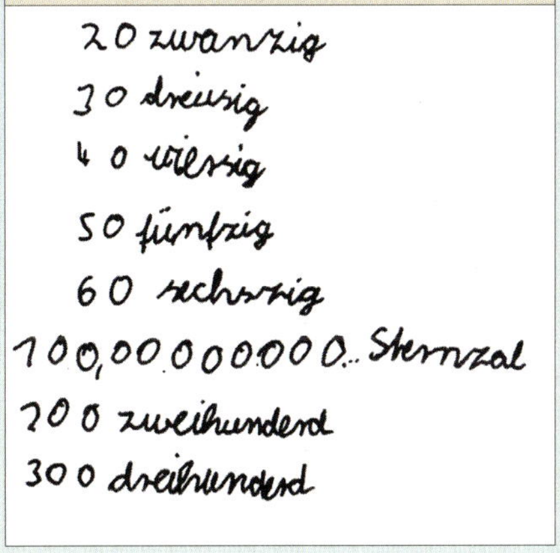

LONG

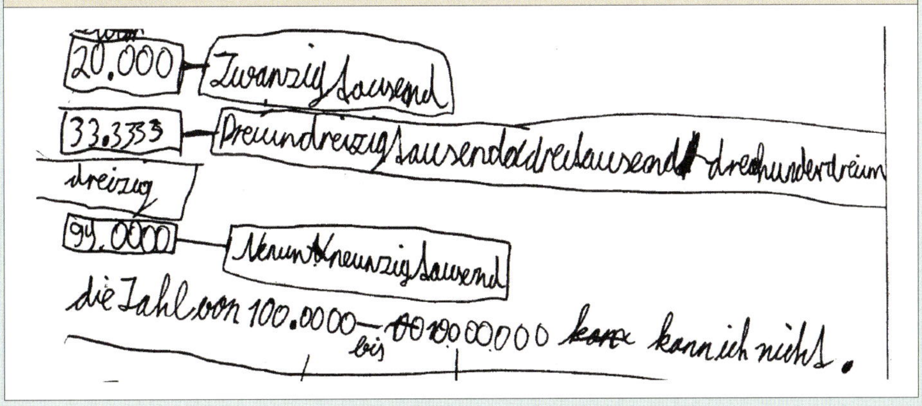

SEPTEMBER
OKTOBER
NOVEMBER
DEZEMBER
JANUAR
FEBRUAR
MÄRZ
APRIL
MAI
JUNI
JULI
AUGUST

Schreibe Zahlen auf, die sich durch 2 und 3 teilen lassen.

ÜBUNGSINHALT, ÜBUNGSZIEL:

Diese Aufgabe setzte die Reihe zu Teilbarkeitsbeziehungen fort (*vgl. auch Kl. 2, Aufgaben 7, 8, 11 und 5, 12*). Wiederum kann der Blick auf Eigenschaften natürlicher Zahlen erweitert werden. Die gleichen Zahlen durch 2 und durch 3 zu teilen, kann auch den einseitigen Blickwinkel auf gerade und ungerade Zahlen, der häufig anzutreffen ist, relativieren: Eine gerade und eine ungerade Zahl als Paar beim Teilen, das ist für Grundschulkinder schon ungewöhnlich. Das Trainieren von Grundfertigkeiten in den ersten Schuljahren des Mathematikunterrichts führt mitunter auch zu starrem, zu wenig handhabbarem Wissen. Um Aufgabenstellungen, die immer wieder eine andere Sicht auf Zusammenhänge anregen, sollte sich der Mathematikunterricht daher bemühen.

Kl. 3 | AUFGABE 15 Z11 ZAHLEN UND ZAHLENBEZIEHUNGEN APRIL

Schreibe Zahlen auf, die sich durch 2 und 3 teilen lassen.
Schreibe Zahlen auf, die sich durch 2 und 3 teilen lassen.
Schreibe Zahlen auf, die sich durch 2 und 3 teilen lassen.
Schreibe Zahlen auf, die sich durch 2 und 3 teilen lassen.
Schreibe Zahlen auf, die sich durch 2 und 3 teilen lassen.
Schreibe Zahlen auf, die sich durch 2 und 3 teilen lassen.
Schreibe Zahlen auf, die sich durch 2 und 3 teilen lassen.
Schreibe Zahlen auf, die sich durch 2 und 3 teilen lassen.
Schreibe Zahlen auf, die sich durch 2 und 3 teilen lassen.
Schreibe Zahlen auf, die sich durch 2 und 3 teilen lassen.
Schreibe Zahlen auf, die sich durch 2 und 3 teilen lassen.

KINDERLÖSUNGEN:

ANNE

durch 2 und 3
12, 30, 60, 6, 90, 24, 18, 180, 540, 300, 900, 9000, 3000, 600, 6000, 54, 84, 840, ...

LISA

6	48	90	132	174	216	258	300
12	54	96	138	180	222	264	306
18	60	102	144	186	228	270	312
24	66	108	150	192	234	276	318
30	72	114	156	198	240	282	324
36	78	120	162	204	246	288	330
42	84	126	168	210	252	294	336

TUNG

durch 2 und 3
6, 12, 18, 24, 30, 36, 42, 48, 54, 60, 66, 72, 78, 84, 90, 96, 180, 240, 300, 360, 420, 480,
540, 600, 660, 720, 780, 840, 900, 960, 1800, 2400, 3000, 3600, 4200, 4800, 5400, 6000
6600, 7200, 7800, 8400, 9000, 9600, 18000, 24000, 30000, 36000, 42000, 48000, 54000, 600
60000, 66000, 72000, 78000, 84000, 90000, 96000, 180000, 240000, 300000, 360000, 420000
480000, 540000, 600000, 660000, 720000, 780000, 840000, 900000, 960000,
1800000, 2400000, 3000000, 3600000, 4200000, 4800000, 5400000, 6000000,
60000000......

DIAGNOSTISCHE BEOBACHTUNGEN UND FÖRDERASPEKTE:

Interessant waren die Strategien, die von den Kindern bei der Suche nach Zahlen, die durch 2 und 3 teilbar sind, angewendet wurden: *Anne* suchte zunächst im Bereich des kleinen Einmaleins und bei den Vielfachen von 10 und 100, fand aber auch zweistellige Zahlen, die über den Bereich des kleinen Einmaleins hinaus gehen. *Lisa* entnahm der Dreierreihe die geraden Zahlen und stellte fest, „wenn man der Reihe nach geht, ist der Abstand der Zahlen, die durch 2 und 3 teilbar sind, immer 6“. Auf diese Weise arbeitete sie sich bis zu dreistelligen Zahlen vor. *Juliane* suchte die Zahlen zunächst ähnlich wie *Lisa*. Sie entdeckte aber noch einen weiteren Zusammenhang: Sie ordnete Produkte zu, bei denen ein Faktor 3 ist und bestimmte ausgehend von 3 · 4 den zweiten Faktor, indem sie diesen um 2 vergrößerte. Auf diese Weise konnte sie die Reihe solcher Zahlen weiter fortsetzen (die Abbildung zeigt nur einen Ausschnitt ihrer Arbeit). *Sebastians* Strategie bestand darin, zuerst durch 2 teilbare Zahlen zu notieren und dann durch 3 teilbare Zahlen im analogen Zahlenraum. Er konnte im Anschluss die Zahlen, die in beiden Gruppen vorkamen, als die gesuchten identifizieren. *Tung* addierte im Hunderterraum immer 6, im nächsten Zahlenraum immer 60, dann 600 usf. Auf diese Weise arbeitete er sich bis in den Millionenraum vor.

Als analoge Aufgabenstellung formulierten wir in einer anderen Klasse: „Suche gerade Zahlen, die man durch 3 teilen kann“. Die Bearbeitungsweisen waren den hier beschriebenen ähnlich.

JULIANE

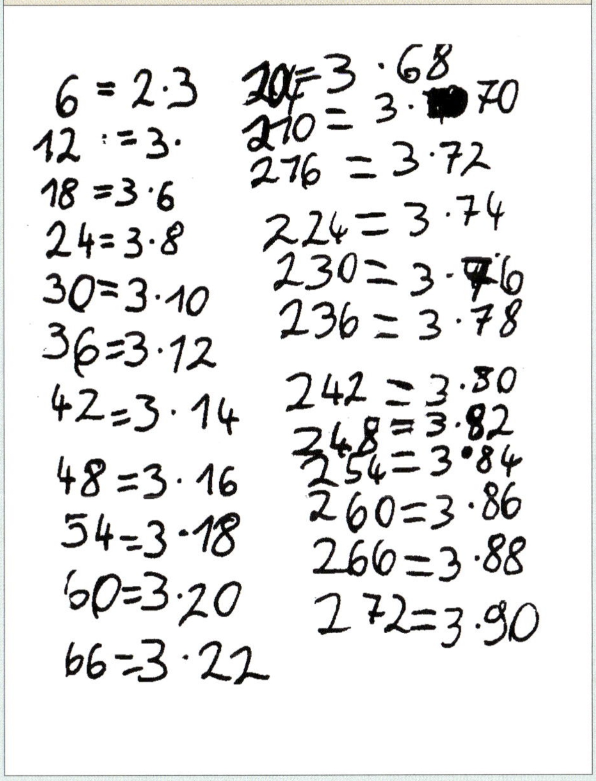

SEBASTIAN

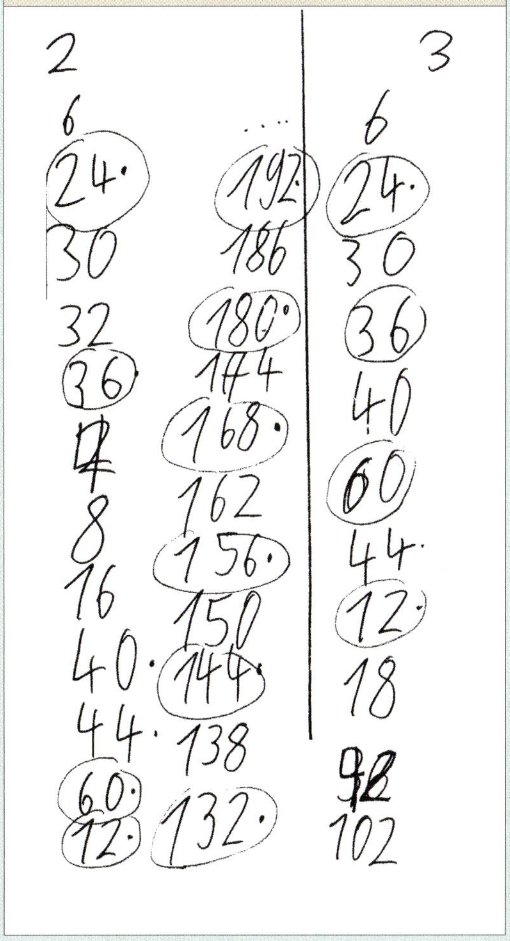

SEPTEMBER
OKTOBER
NOVEMBER
DEZEMBER
JANUAR
FEBRUAR
MÄRZ
APRIL
MAI
JUNI
JULI
AUGUST

Es gibt Tiere mit 2, 4, 6 oder mehr Beinen. Versuche, zu diesem Inhalt ein knifflige Rechengeschichte zu schreiben.

ÜBUNGSINHALT, ÜBUNGSZIEL:

Dieser Ausgangstext für eine Rechengeschichte wurde in einer anderen Projektklasse schon in Klassenstufe 2 gestellt (*vgl. Kl. 2, Aufgabe 13*). Wie dort schon beschrieben, erkannten die Schüler den möglichen multiplikativen Hintergrund für Mathematisierungen bei einem solchen Situationsansatz noch nicht. Deshalb wurde der Text auch in Klassenstufe 3 erprobt.

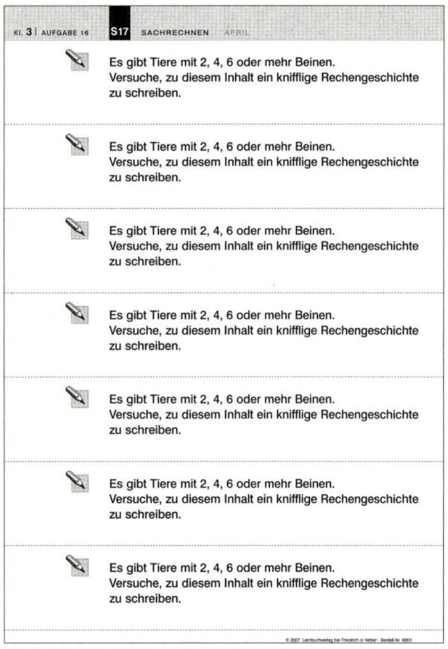
Kl. 3 | AUFGABE 16 S17 SACHRECHNEN APRIL

Es gibt Tiere mit 2, 4, 6 oder mehr Beinen. Versuche, zu diesem Inhalt ein knifflige Rechengeschichte zu schreiben.

Es gibt Tiere mit 2, 4, 6 oder mehr Beinen. Versuche, zu diesem Inhalt ein knifflige Rechengeschichte zu schreiben.

Es gibt Tiere mit 2, 4, 6 oder mehr Beinen. Versuche, zu diesem Inhalt ein knifflige Rechengeschichte zu schreiben.

Es gibt Tiere mit 2, 4, 6 oder mehr Beinen. Versuche, zu diesem Inhalt ein knifflige Rechengeschichte zu schreiben.

Es gibt Tiere mit 2, 4, 6 oder mehr Beinen. Versuche, zu diesem Inhalt ein knifflige Rechengeschichte zu schreiben.

Es gibt Tiere mit 2, 4, 6 oder mehr Beinen. Versuche, zu diesem Inhalt ein knifflige Rechengeschichte zu schreiben.

Es gibt Tiere mit 2, 4, 6 oder mehr Beinen. Versuche, zu diesem Inhalt ein knifflige Rechengeschichte zu schreiben.

KINDERLÖSUNGEN:

ANNE

Der Igel hat vier Beine. Aber die Spinne hat vier mehr.
Wie viele Beine hat die Spinne?
Wie viele Beine haben der Igel und die Spinne zusammen?

KATHARINA

3 Tausenfüsler und 10 Spienen und 2 Katzen unterhalten sich. Sie Spielen grad Mau Mau.

Frage: Wie viel Beine haben die Tiere zusammen?

Rechnung: 1000 · 3 = 3000   10 · 8 = 80
2 · 4 = 8   3000 + 80 + 8 = 3088

Antwort: Die Tiere haben zusammen 3088 Beine.

DIAGNOSTISCHE BEOBACHTUNGEN UND FÖRDERASPEKTE:

In Klasse 3 konnte, wie schon vermutet, eine deutlich andere Operationsqualität entwickelt werden, als in den Klassenstufen davor. Leistungsschwächere Schüler wählten zwar nach wie vor eher additive Zusammenhänge, selbst diese waren aber mit Anspruch formuliert (vgl. *Anne*). Der größere Teil der Schüler ordnete multiplikative Beziehungen zu (vgl. *Katharina, Lisa, Vincent*). Die Rechentexte der Kinder spiegelten einfache (wie bei *Katharina*) und kompliziertere Konstruktionen (wie bei *Vincent*) wider.

LISA

110 Marienenkäfer fliegen über eine kleine Wiese.
Frage: Wie viele Beine haben alle zusammen.
Rechnung: 110·6=660
Antwort: Alle Tiere zusammen haben 660 Beine

VINCENT

Sex Hasen haben 24 beine und 100 Hasen haben 400 beine.
wie viele beine haben dan 1000.000 Hasen?

SEPTEMBER
OKTOBER
NOVEMBER
DEZEMBER
JANUAR
FEBRUAR
MÄRZ
APRIL
MAI
JUNI
JULI
AUGUST

Schreibe Divisionsaufgaben auf, die für dich nicht ganz leicht sind.

ÜBUNGSINHALT, ÜBUNGSZIEL:

Viele Arbeitsprodukte der Kinder im Rahmen des Projektes zu offenen Aufgaben wiesen darauf hin, dass die Lernenden zum großen Teil ihr Leistungsvermögen ausschöpfen. Man kann die Leistungsgrenzen auch ganz bewusst ansprechen wie bei der obigen Aufgabe.

Aufgaben wie diese und die folgende, die die Divisions- und Multiplikationsleistung anregten, wurden auch in Klassenstufe 2 gestellt (*vgl. Kl. 2, Aufgaben 14 und 15*). In Klasse 3 sollte die Weiterentwicklung dieser Fähigkeiten beobachtet werden. Dies geschah vor der Behandlung der halbschriftlichen Multiplikation und Division. Auf diese Weise konnte der Könnensstand der Schüler erfasst und der Behandlung dieses Stoffgebietes zugrunde gelegt werden.

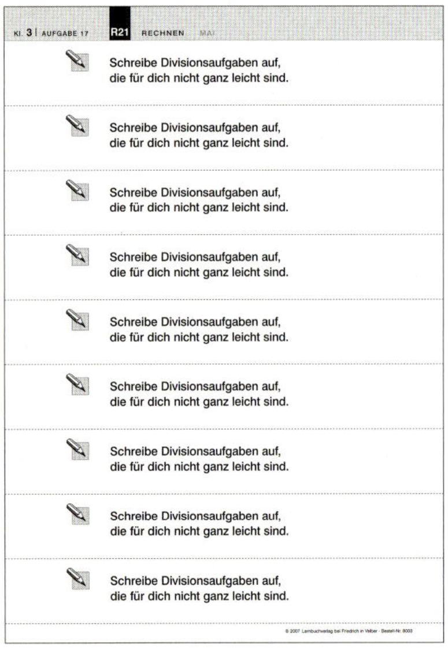
Kl. 3 | AUFGABE 17 R21 RECHNEN MAI

Schreibe Divisionsaufgaben auf, die für dich nicht ganz leicht sind.

Schreibe Divisionsaufgaben auf, die für dich nicht ganz leicht sind.

Schreibe Divisionsaufgaben auf, die für dich nicht ganz leicht sind.

Schreibe Divisionsaufgaben auf, die für dich nicht ganz leicht sind.

Schreibe Divisionsaufgaben auf, die für dich nicht ganz leicht sind.

Schreibe Divisionsaufgaben auf, die für dich nicht ganz leicht sind.

Schreibe Divisionsaufgaben auf, die für dich nicht ganz leicht sind.

Schreibe Divisionsaufgaben auf, die für dich nicht ganz leicht sind.

Schreibe Divisionsaufgaben auf, die für dich nicht ganz leicht sind.

KINDERLÖSUNGEN:

FELIX

12:6=2
~~13:~~
8:4=2
7:1=7
9:3=3

100:10=10
20:10=2
30:10=3
40:10=4
50:10=5
60:10=6

47:6=8
18:2=9
14:2=7
42:6=7
36:6=6

KATHARINA

12:2=6
40:8=5
56:7=8
48:6=8
21:7=3
27:3=9
24:8=3
99:3=33
9:3=3

100:2=50
200:4=50
110:10=11
300:2=150
250:2=125
1000:2=500
999:3=333
550:10=55

SIMON

100.000·25+3521=253521, 9999:9=1111,
40.000:200:9=5, 240:10:6:2:1=2, 30000:15000:2:1=2
11000:2:1:2=275, 1100:2=275, 200.000:2:2:2:1=25000 (schön!)
500.000:10:2:1=25000, 80·40000=2:1=2:2=1:1=1, 45:5=9
100.000:10=100.000...

DIAGNOSTISCHE BEOBACHTUNGEN UND FÖRDERASPEKTE:

Die leistungsschwächsten Schüler wählten Divisionen aus dem Bereich des kleinen Einmaleins (vgl. *Felix*). Mittlere Leistungsgruppen verließen diesen Bereich schon und nutzten Vielfache von Zehnerpotenzen und teilerfreundliche Zahlen als Dividenden (vgl. *Katharina*). Die leistungsstärkeren Schüler wählten unterschiedliche Ansätze für ihre Aufgabensuche: *Simon* ging von großen glatten Zahlen aus und arbeitete mit mehreren Divisoren innerhalb einer Aufgabe. *Tung* suchte gezielt nach Zahlenpaaren (Dividend und Divisor), die schon rein optisch vermuten ließen, dass sie zu Divisionen ohne Rest führen könnten (z. B. 244 : 4, 355 : 5). *Sebastian* präsentierte seine Fähigkeiten zur schriftlichen Division, die er im Elternhaus erworben hatte. *Lisa* lehnte sich mithilfe der Multiplikation an für sie anspruchsvolle Quadratzahlaufgaben an. Dieses vielfältige Vorwissen zum Teilen größerer Zahlen, dass in der Klassengemeinschaft steckte, wurde Ausgangspunkt für den Einstieg in die Unterrichtseinheit zur Division größerer Zahlen.

TUNG

4000:2=2000, 6000:3=3000, 8000:4=2000, 12000:2=6000, 750:5=150,
121:11=11, 220:22=10, 340:34=10, 450:45=10, 560:56=10, 670:67=10,
780:78=10, 890:89=10, 910:91=10, 210:21=10, 555:111=5, 123:3=41,
244:4=61, 355:5=71, 426:6=71, ~~547:7=~~ 560:7=80, 600:60=10,
700:70=10, 800:80=10, 900:90=10, ...

SEBASTIAN

84.570:90=939
810
 357
 270
  810
  810
   0
Pr. 939·90
84.570

84.960:90=944
810
 396
 360
  360
  360
   0
Pr. 944·90
84960

LISA

~~56:8=7~~
~~64:8=8~~
144:12=12
169:13=13
196:14=14
225:15=15
254:16=16
256:16=16
1500:2=725 (750)

SEPTEMBER
OKTOBER
NOVEMBER
DEZEMBER
JANUAR
FEBRUAR
MÄRZ
APRIL
MAI
JUNI
JULI
AUGUST

Schreibe Multiplikationen, die du schon kannst.

ÜBUNGSINHALT, ÜBUNGSZIEL:

Dieser Auftrag wurde mit dem gleichen Hintergrund wie die Aufgabe 17 gestellt. Noch deutlicher als dort wurden Aufgaben, die aus dem kleinen Einmaleins herausführten, erwartet.

Kl. 3 | AUFGABE 18 R22 RECHNEN MAI

Schreibe Multiplikationen, die du schon kannst.

Schreibe Multiplikationen, die du schon kannst.

Schreibe Multiplikationen, die du schon kannst.

Schreibe Multiplikationen, die du schon kannst.

Schreibe Multiplikationen, die du schon kannst.

Schreibe Multiplikationen, die du schon kannst.

Schreibe Multiplikationen, die du schon kannst.

Schreibe Multiplikationen, die du schon kannst.

Schreibe Multiplikationen, die du schon kannst.

Schreibe Multiplikationen, die du schon kannst.

Schreibe Multiplikationen, die du schon kannst.

KINDERLÖSUNGEN:

ANNE

1·1=1	1·11=11	1·100=100
2·2=4	2·11=22	2·100=200
3·3=9	3·11=33	3·100=300
4·4=16	4·11=44	4·100=400
5·5=25	5·11=55	5·100=500
6·6=36	6·11=66	6·100=600
7·7=49	7·11=77	7·100=700
8·8=64	8·11=88	8·100=800
9·9=81	9·11=99	9·100=900
10·10=100	10·11=110	10·100=1000

TUNG

24·5=120, 30·11=330, 55·6=330, 49·81=3920, ~~88·10·5·2=~~
44·9=396, 44·9·10·2=7920, 55·2·10·1=2200,
66·10·2·10=13200, 77·9·2·1=1486, 88·9·10·2=~~18~~16840
88·10·5·2=8800, 90·10·5·2=9000, 70·10·2·2=2800,
70·2·10·10=14000, 60·10·2·10=12000, 90·10·2·10=18000,

SEBASTIAN

5·5·10·10·10·10=250.000
6·6·10·10·10·10=360.000
7·7·10·10·10·10=490.000
8·8·10·10·10·10=640.000
9·9·10·10·10·10=870.000
10·10·10·10·10·10=100.000.0
20·20·10·10·10·10=400.000.0

DIAGNOSTISCHE BEOBACHTUNGEN UND FÖRDERASPEKTE:

Ähnlich wie bei der vorangegangenen Aufgabe zeigte sich auch hier ein breites Leistungsspektrum, das von interessanten Aufgabenideen der Schüler geprägt war. Es gab Schüler, die ausschließlich das kleine Einmaleins wählten. Andere erweiterten dies auf das Multiplizieren mit Vielfachen von 10 und 100. Die 11er-Reihe wurde erzeugt (vgl. *Anne*) und es gab auch Schüler, die sich schon an das Multiplizieren mit beliebigen zweistelligen Zahlen heranwagten (vgl. *Tung*). Leistungsstarke Schüler erhöhten für sich den Schwierigkeitsgrad, indem sie mit mehreren Faktoren innerhalb einer Aufgabe rechneten (vgl. *Sebastian, Tung, Simon*). Die Aufgaben wurden von der Lehrerin als Ausgangspunkt für die Betrachtungen zur halbschriftlichen Multiplikation verwendet.

SIMON

51 · 101 = 5151, 33 · 4 · 2 · 5 = 1320, 2·53 · 4 · 2 · 10 = 4480 (8480),
11 · 11 · 10 · 2 · 3 · 2 · 2 = 28840 (29040), 1 · 1 · 1 · 1 · 1 · 1 · 10 · 1 · 10 = 100, 250 · 5 · 2 = 1350 (2500)

11 · 10 = 111
20 · 10 = 200
30 · 10 = 300
70 · 100 = 1000
40 · 10 = 400

320 · 4 = 1280
400 · 5 = 2000
200 · 6 = 1200
350 · 2 = 700
1095 · 3 = 3385 (3285) Prima!

100.000 · 300 = 30000000
……..

LISA

2 Reihe	3 Reihe	4 Reihe	5 Reihe	10 Reihe
1·2=2	1·3=3	1·4=4	1·5=5	1·10=10
2·2=4	2·3=6	2·4=8	2·5=10	2·10=20
3·2=6	3·3=9	3·4=12	3·5=15	3·10=30
4·2=8	4·3=12	4·4=16	4·5=20	4·10=40
5·2=10	5·3=15	5·4=20	5·5=25	5·10=50
6·2=12	6·3=18	6·4=24	6·5=30	6·10=60
7·2=14	7·3=21	7·4=28	7·5=35	7·10=70
8·2=16	8·3=24	8·4=32	8·5=40	8·10=80
9·2=18	9·3=27	9·4=36	9·5=45	9·10=90
10·2=20	10·3=30	10·4=40	10·5=50	10·10=100

LISA N.

4 · 20 = 80	4 · 60 = 240	4 · 100 = 400
4 · 30 = 120	4 · 70 = 280	
4 · 40 = 160	4 · 80 = 320	
4 · 50 = 200	4 · 90 = 360	
8 · 20 = 160	8 · 60 = 480	8 · 100 = 800
8 · 30 = 240	8 · 70 = 560	
8 · 40 = 320	8 · 80 = 640	
8 · 50 = 400	8 · 90 = 720	

SEPTEMBER
OKTOBER
NOVEMBER
DEZEMBER
JANUAR
FEBRUAR
MÄRZ
APRIL
MAI
JUNI
JULI
AUGUST

Rechne einige der folgenden Aufgaben im Kopf, halbschriftlich oder schriftlich. Wähle aus.
4 · 386; 3.009 + 425 + 610; 732 : 3; 352 – 69 – 38; 523 · 5; 75 : 2; 34 : 12;
345 + 2.633 + 418; 9 · 18; 44 : 2 · 5; 846 : 3;
1.000 – 16 – 29; 109 · 2;
77 : 11 · 10 · 100; 1.001 – 99; 28 · 36; 4 · 9 · 3

ÜBUNGSINHALT, ÜBUNGSZIEL:

Die Aufgabenstellung sollte am Ende des Schuljahres den Schülern die Möglichkeit geben, Rechenkompetenzen zu testen und ihnen die eigene Rechenfähigkeit ins Bewusstsein rücken. Mit der Fülle der Aufgaben hatten wir es aber übertrieben, so ging für die Drittklässler teilweise die Übersichtlichkeit verloren und die Aufgaben wurden weniger bewusst ausgewählt, als dass bei weniger Aufgaben möglich gewesen wäre.

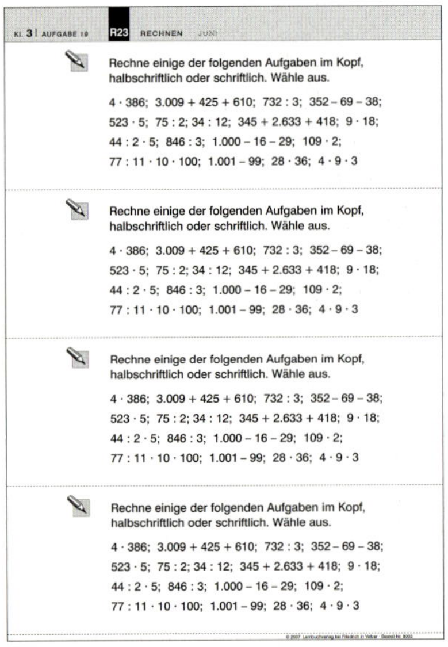

Kl. 3 | AUFGABE 19 R23 RECHNEN JUNI

Rechne einige der folgenden Aufgaben im Kopf, halbschriftlich oder schriftlich. Wähle aus.
4 · 386; 3.009 + 425 + 610; 732 : 3; 352 – 69 – 38; 523 · 5; 75 : 2; 34 : 12; 345 + 2.633 + 418; 9 · 18; 44 : 2 · 5; 846 : 3; 1.000 – 16 – 29; 109 · 2; 77 : 11 · 10 · 100; 1.001 – 99; 28 · 36; 4 · 9 · 3

Rechne einige der folgenden Aufgaben im Kopf, halbschriftlich oder schriftlich. Wähle aus.
4 · 386; 3.009 + 425 + 610; 732 : 3; 352 – 69 – 38; 523 · 5; 75 : 2; 34 : 12; 345 + 2.633 + 418; 9 · 18; 44 : 2 · 5; 846 : 3; 1.000 – 16 – 29; 109 · 2; 77 : 11 · 10 · 100; 1.001 – 99; 28 · 36; 4 · 9 · 3

Rechne einige der folgenden Aufgaben im Kopf, halbschriftlich oder schriftlich. Wähle aus.
4 · 386; 3.009 + 425 + 610; 732 : 3; 352 – 69 – 38; 523 · 5; 75 : 2; 34 : 12; 345 + 2.633 + 418; 9 · 18; 44 : 2 · 5; 846 : 3; 1.000 – 16 – 29; 109 · 2; 77 : 11 · 10 · 100; 1.001 – 99; 28 · 36; 4 · 9 · 3

Rechne einige der folgenden Aufgaben im Kopf, halbschriftlich oder schriftlich. Wähle aus.
4 · 386; 3.009 + 425 + 610; 732 : 3; 352 – 69 – 38; 523 · 5; 75 : 2; 34 : 12; 345 + 2.633 + 418; 9 · 18; 44 : 2 · 5; 846 : 3; 1.000 – 16 – 29; 109 · 2; 77 : 11 · 10 · 100; 1.001 – 99; 28 · 36; 4 · 9 · 3

KINDERLÖSUNGEN:

THOMAS

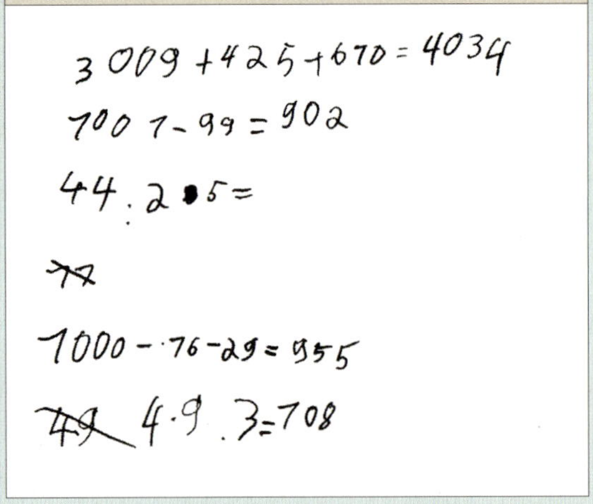

LUISA

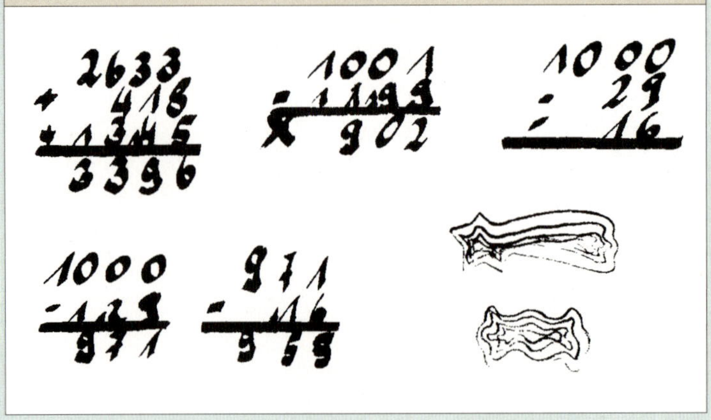

DIAGNOSTISCHE BEOBACHTUNGEN UND FÖRDERASPEKTE:

Insgesamt wählten die Schüler für die Aufgaben alle ihnen bekannten Rechenarten: Rechnen im Kopf; Kopfrechnen mit schriftlicher Unterstützung (so genanntes halbschriftliches Rechnen); Rechnen mit dem Malkreuz (das Malkreuz ermöglicht das Multiplizieren mit mehrstelligen Faktoren vor der Behandlung der schriftlichen Multiplikation) und die schriftlichen Verfahren der Addition und Subtraktion. Interessant war, dass die Schüler sich vor allem einer Rechenart zuwendeten und nicht, wie man erwarten konnte, entsprechend des Schwierigkeitsgrades der Aufgabe die Rechenart wechselten. Sie nutzten die Rechenart, die ihnen besonders lag bzw. bei der sie sich am sichersten fühlten, manchmal auch die, die mit dem wenigsten Aufwand zu betreiben war. So bevorzugte *Thomas* das Rechnen im Kopf und wählte Aufgaben, die ihm das gestatteten. *Luisa*, eine leistungsschwächere Schülerin, nutzte nur die schriftlichen Rechenverfahren und rechnete auch eine Aufgabe wie „1.000 – 16 – 29" aufwendig schriftlich, obwohl sie dies wahrscheinlich auch im Kopf hätte rechnen können. *Long* nutzte ausschließlich das halbschriftliche Rechnen. Er zeigte, dass er dies über alle Rechenarten hinweg gut beherrscht. *Jakob* griff nur bei den anspruchsvolleren Punktrechnungen zu Rechennotizen und versuchte, die beiden anderen von ihm gewählten Aufgaben im Kopf auszurechnen. Dies gelang ihm zum Teil. Die Schüler lieferten mit ihrem Rechenmaterial eine Fülle Anknüpfungspunkte für die Lehrerin in der Auswertungsrunde.

JAKOB

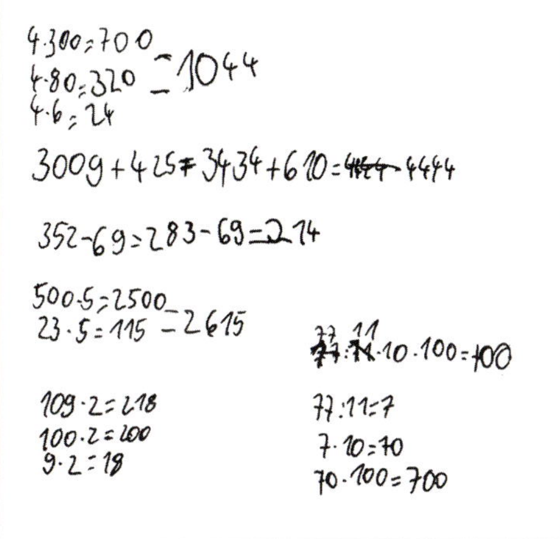

LONG

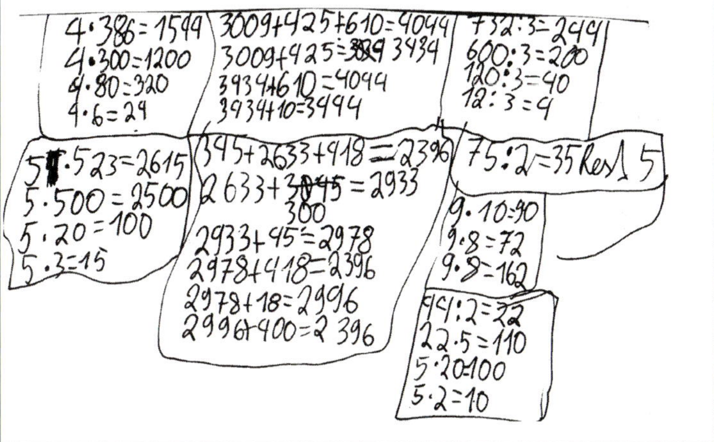

JULIANE

ZAHLEN UND ZAHLENBEZIEHUNGEN

- Zähle von 1.000 an vorwärts, schreibe die Zahlen mit.
- Zähle von 1.000 an rückwärts, schreibe die Zahlen auf.
- Schreibe dreistellige Zahlen auf. Ordne die Zahlen auf verschiedene Weise.
- Beginne mit 30. Notiere dann jede 3. Zahl. Notiere Eigenschaften dieser Zahlen.
- Beginne mit 30. Notiere dann jede 6. Zahl. Notiere Eigenschaften dieser Zahlen.
- Notiere dreistellige Zahlen, die aus gleichen Ziffern bestehen.
  Schreibe Eigenschaften dieser Zahlen auf.
- Notiere eine dreistellige Zahl. Notiere alles, was du über diese Zahl herausfinden kannst.
- Zeichne Neunerquadrate auf Kästchenpapier.
  Schreibe Zahlen hinein, die gut zueinander passen.

RECHNEN

- Rechne Aufgaben mit dem Ergebnis 0.
- Rechne mit gleichen Zahlen.
- Schreibe Divisionen mit zwei geraden Zahlen.
- Schreibe Divisionen mit zwei ungeraden Zahlen.
- Schreibe Divisionen, bei denen eine gerade Zahl durch eine ungerade Zahl geteilt wird.
  Geht es auch umgekehrt? Divisionen, bei denen eine ungerade Zahl durch eine gerade Zahl geteilt wird
- Multipliziere einstellige Zahlen erst mit 2 und dann mit 3.
  Geht es auch umgekehrt? Was kannst du noch entdecken?
- Multipliziere einstellige Zahlen erst mit 5 und dann mit 2. Kannst du etwas entdecken?
- Multipliziere einstellige Zahlen erst mit 6 und dann mit 2. Kannst du etwas entdecken?
- Multipliziere einstellige Zahlen erst mit 2, dann mit 3, dann noch einmal mit 2.
  Was kannst du entdecken?
- Addiere drei Zahlen schriftlich.
- Subtrahiere schriftlich. Versuche es auch mit mehreren Subtrahenden.
- Notiere zwei dreistellige Zahlen.
  Ordne eine Rechenart zu und überschlage das Ergebnis im Kopf. Notiere die geschätzte Zahl.

GEOMETRIE

Zeichne freihändig verschiedene Vierecke. Schreibe die Namen dazu, soweit du sie kennst.

Skizziere Körper, in deren Ecken rechte Winkel passen. Schreibe die Namen der Körper dazu.

Zeichne Kreise. Zeichne Durchmesser oder Radien so ein, dass Muster entstehen.

SACHRECHNEN

Kai ist traurig. Er hat Geld verloren. Er läuft zurück und sucht auf dem Boden. Nichts.
Ratlos blickt er auf den Rest in seiner Hand.
Was könnte er rechnen und überlegen? Schreibe auf.

Schreibe einen kurzen Rechentext zum Thema: „Geld gespart“.

Schreibe einen kurzen Rechentext zum Thema: „Mein schwierigster Einkauf“.

Schreibe einen kurzen Rechentext zum Thema: „Mein letzter Geburtstag“.

Schreibe einen Fahrplan für eine Straßenbahn in einer großen Stadt.

Notiere Zeitpunkte, die für dich wichtig sind.

Notiere die ungefähren Mengenangaben für dein Lieblingsgericht.

Schreibe Umrechnungen auf, in denen die Umrechnungszahl 10 wichtig ist.

Schreibe Umrechnungen mit Gewichten.

Vergleiche Trinkflaschen nach ihrem Volumen. Skizziere und schreibe auf.

OFFENE AUFGABEN FÜR KLASSENSTUFE 4

In der Klassenstufe 4 wird der Zahlenraum bis zur Million betrachtet. Die größer werdenden Zahlen stellen höhere Anforderungen an die Stellenwertsicherheit der Kinder. Vor allem für Schüler mit Lernproblemen nehmen die Schwierigkeiten zu, da häufig das Zahlengefühl fehlt. Bezüglich des Rechnens wird weiter an dem sicheren Beherrschen der Grundaufgabenkenntnis gearbeitet. Darüber hinaus stehen die schriftlichen Verfahren im Mittelpunkt des Rechengeschehens. Besondere Anforderungen kommen dazu, wie das Runden von Zahlen nach Regeln oder das Darstellen von Quantitäten in Form von Diagrammen. Der Lernbereich Größen ist mit höheren Anforderungen verbunden (weitere Maßeinheiten und Umrechnungszahlen kommen dazu), teilweise auch die Geometrie. Die Sachaufgaben haben ein höheres Anspruchsniveau bezüglich der Komplexität der zugrunde liegenden Operationen.
Andererseits kann man in Klassenstufe 4 bei der Arbeit mit offenen Aufgaben auf vielfältigen mathematischen Kompetenzen der Schüler aufbauen. Viele Inhalte der Grundschulmathematik können ohne Einschränkungen (bezüglich des Zahlenraums, der Rechenoperationen usf.) bearbeitet werden. Die mathematisch-individuelle Entwicklung einzelner Schüler wird besonders sichtbar.

SEPTEMBER
OKTOBER
NOVEMBER
DEZEMBER
JANUAR
FEBRUAR
MÄRZ
APRIL
MAI
JUNI
JULI
AUGUST

Zeichne geometrische Figuren und Körper, die du kennst. Schreibe jeweils den Namen dazu.

ÜBUNGSINHALT, ÜBUNGSZIEL:

Dieser Auftrag wurde ähnlich in allen Klassenstufen, meistens zu Beginn des Schuljahres, gestellt (*vgl. Kl. 1, Aufgabe 4, Kl. 2, Aufgabe 19, Kl. 3, Aufgabe 1*). Bei fast allen Schülern waren geometrische Aufgaben dieser Art willkommen. Auch hier galt das Prinzip, das zeigen zu können, was man kann und da gab es schon Besonderheiten, die über das im Geometrieunterricht Gelernte hinausreichten.

Interessant war es, die Entwicklungen bezüglich der räumlichen Darstellungsfähigkeit zu verfolgen. Das Zeichnen von Körpern ist kein verpflichtender Unterrichtsinhalt der Grundschule und auch in unserer Projektklasse war dies kein Bestandteil des Geometrieunterrichts. Der Zugang zur Dreidimensionalität sollte m. E. jedoch durch die eigenen Darstellungen auf dem Papier gestützt werden. Wenn skizzenhafte Darstellungen, die die Exaktheit einer korrekten Zeichnung nicht erreichen müssen, positive Bekräftigung finden, wird die Entwicklung räumlicher Darstellungsfähigkeit zusätzlich angeregt. Gerade dem Wissen zu Körpern fehlt in der Grundschule oft die Sicherheit. Man sollte beachten, dass oft erst die „Verschriftlichung“ zu solidem Wissen führt. Das Handeln (Bauen, Stecken, Legen usw.) stellt zwar eine wichtige Grundlage dar, schließt aber auch eine gewisse Flüchtigkeit ein und kann die zeichnerischen Darstellungen nicht ersetzen.

Kl. 4 | AUFGABE 1 G5 GEOMETRIE SEPTEMBER

Zeichne geometrische Figuren und Körper, die du kennst. Schreibe jeweils den Namen dazu.

Zeichne geometrische Figuren und Körper, die du kennst. Schreibe jeweils den Namen dazu.

Zeichne geometrische Figuren und Körper, die du kennst. Schreibe jeweils den Namen dazu.

Zeichne geometrische Figuren und Körper, die du kennst. Schreibe jeweils den Namen dazu.

Zeichne geometrische Figuren und Körper, die du kennst. Schreibe jeweils den Namen dazu.

Zeichne geometrische Figuren und Körper, die du kennst. Schreibe jeweils den Namen dazu.

Zeichne geometrische Figuren und Körper, die du kennst. Schreibe jeweils den Namen dazu.

Zeichne geometrische Figuren und Körper, die du kennst. Schreibe jeweils den Namen dazu.

Zeichne geometrische Figuren und Körper, die du kennst. Schreibe jeweils den Namen dazu.

KINDERLÖSUNGEN:

TUNG

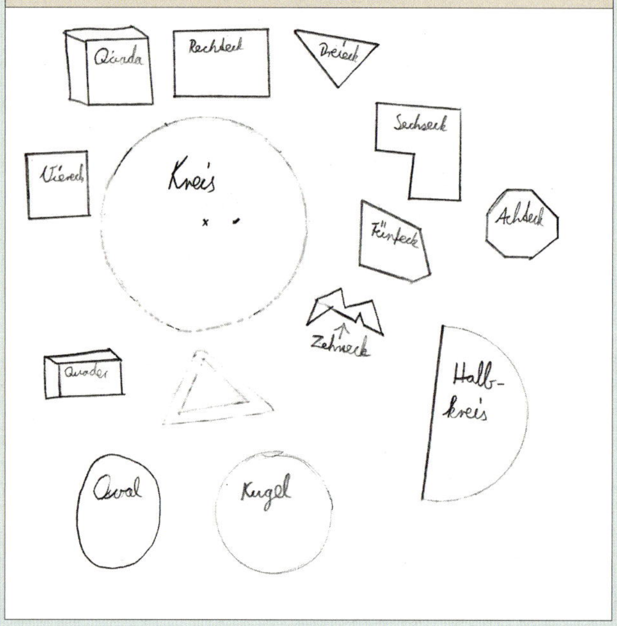

DIAGNOSTISCHE BEOBACHTUNGEN UND FÖRDERASPEKTE:

Die Viertklässler erzeugten neben den konvexen auch konkave ebene Figuren, neben dem Kreis auch die Ellipse (vgl. *Tungs* Darstellung „Oval") und sie versuchten ebenso wie die Lernenden der anderen Schuljahre, räumliche Figuren auf dem Papier darzustellen (vgl. *Katharina, Lisa, Tung*).
Auch in Klasse 4 wurden wieder typische Unsicherheiten sichtbar, z. B. das Verwenden von Begriffen aus der ebenen Geometrie für Körper (vgl. *Katharina*). Die Kenntnisse zu Vierecken bezogen sich vor allem auf Rechteck und Quadrat. Markante Vierecke wie Trapez, Parallelogramm, Drachenviereck fehlten in der Regel. Mitunter wurden sie dargestellt, konnten aber nicht benannt werden.
Für den nachfolgenden Geometrieunterricht lieferten die Schülerprodukte die verschiedensten Anknüpfungspunkte: So könnten die Zeichnungen von *Katharina* zur Betrachtung räumlicher Ansichten von Quadern, Würfeln und Pyramiden führen. Oder es könnte eine Diskussion angeregt werden, ob das Sechseck von *Tung* wirklich ein solches ist. Auch Überlegungen dazu, wie man ein regelmäßiges Achteck zeichnen könnte (vgl. Darstellung bei *Lisa*), könnten dem Geometrieunterricht zugute kommen.

KATHARINA

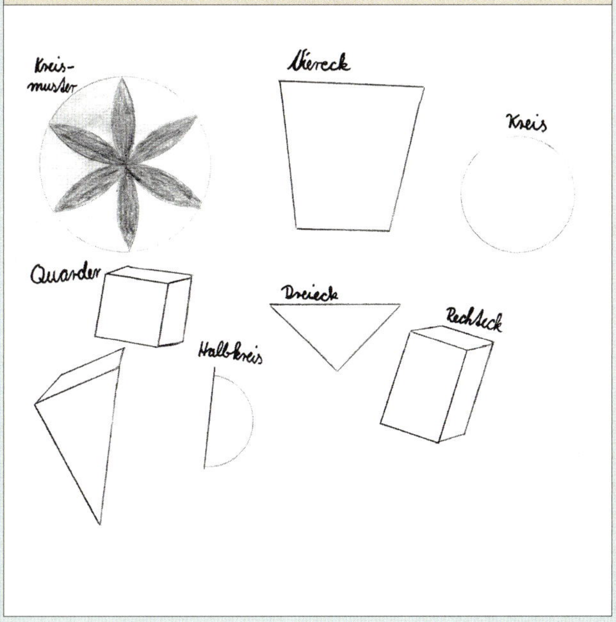

LISA

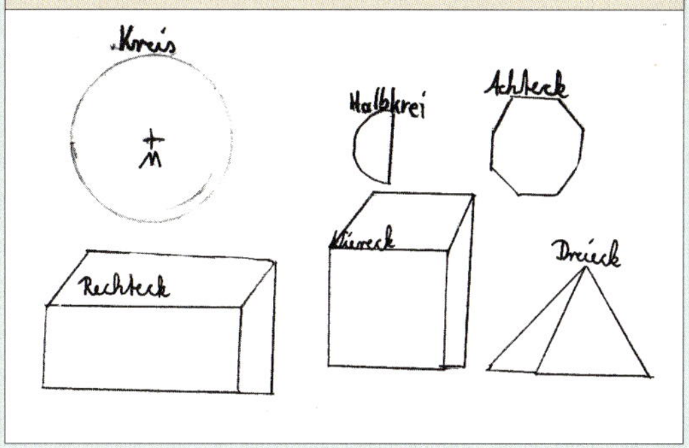

LISA N.

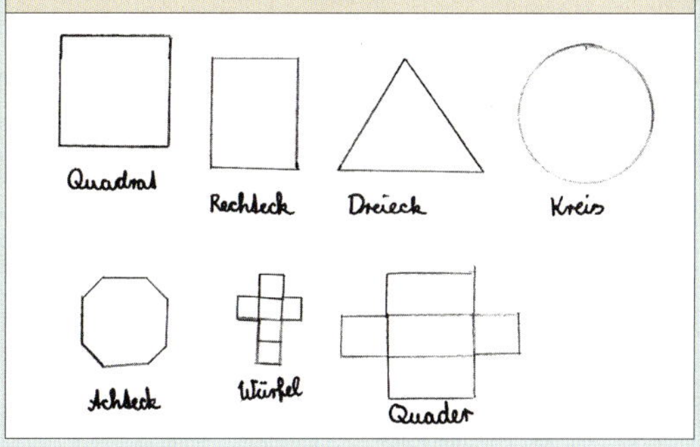

Schreibe Textaufgaben. Wähle aus:
A: Die Kinder sollen teilen.
B: Die Kinder sollen malnehmen.
C: Die Kinder sollen addieren.
D: Die Kinder sollen subtrahieren.

ÜBUNGSINHALT, ÜBUNGSZIEL:

In Klassenstufe 4 besitzen die Schüler im Umgang mit den vier Grundrechenoperationen schon eine gewisse Vertrautheit. Dies ermöglicht es, wie schon in Klassenstufe 3, als Grundlage zum Produzieren von Sachaufgaben eine formalere Ebene zu wählen. Um die Bedingungen, vor allem mit Rücksicht auf leistungsschwächere Schüler, nicht zu sehr festzulegen, wurde bei der obigen Aufgabe die Art der Operation zur Wahl gestellt. Die Ebene des Schreibens „von Kindern für Kinder“ sollte das Zuordnen von Inhalten erleichtern.

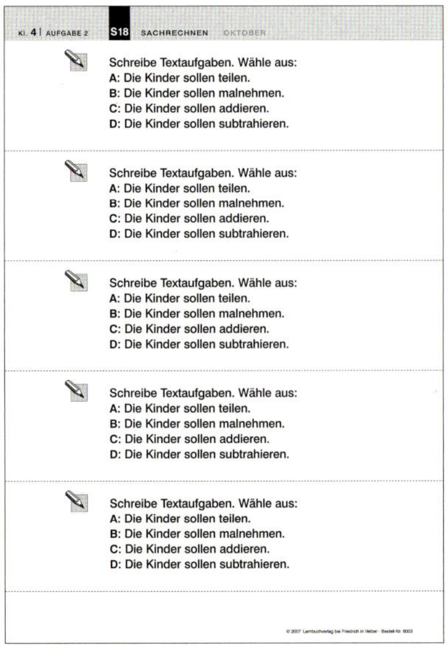
Kl. 4 | AUFGABE 2 S18 SACHRECHNEN OKTOBER

Schreibe Textaufgaben. Wähle aus:
A: Die Kinder sollen teilen.
B: Die Kinder sollen malnehmen.
C: Die Kinder sollen addieren.
D: Die Kinder sollen subtrahieren.

Schreibe Textaufgaben. Wähle aus:
A: Die Kinder sollen teilen.
B: Die Kinder sollen malnehmen.
C: Die Kinder sollen addieren.
D: Die Kinder sollen subtrahieren.

Schreibe Textaufgaben. Wähle aus:
A: Die Kinder sollen teilen.
B: Die Kinder sollen malnehmen.
C: Die Kinder sollen addieren.
D: Die Kinder sollen subtrahieren.

Schreibe Textaufgaben. Wähle aus:
A: Die Kinder sollen teilen.
B: Die Kinder sollen malnehmen.
C: Die Kinder sollen addieren.
D: Die Kinder sollen subtrahieren.

Schreibe Textaufgaben. Wähle aus:
A: Die Kinder sollen teilen.
B: Die Kinder sollen malnehmen.
C: Die Kinder sollen addieren.
D: Die Kinder sollen subtrahieren.

KINDERLÖSUNGEN:

SIMON

Peter bekommt immer nach 1 Woche 5€ Taschengeld.
Frage: Wie viel bekommt er dann in einem Jahr Taschengeld.

Ein Schreibblock hat 320 Blätter. Nach 3 Monaten Sind es nur noch 67 Blätter.
Frage: Um Wie viele Blätter sind es weniger geworden?

ANNE

Eine Mutter hat 50€. Sie hat 4 Kinder.

Wie viel Geld bekommt jedes Kind?

DIAGNOSTISCHE BEOBACHTUNGEN UND FÖRDERASPEKTE:

Bei der vorliegenden Aufgabenstellung erzeugten die Schüler wiederum vielfach Zusammenhänge, die zu Addition und Subtraktion führten (*vgl. auch Kl. 3, Aufgabe 10*), aber der Anteil derer, die operative Beziehungen einbezogen, die zum Multiplizieren und Dividieren veranlassten, hatte sich erhöht (vgl. *Simon, Anne, Dominic*). Leistungsschwächere Schüler griffen diese Zusammenhänge in Kl. 4 ebenfalls auf (vgl. *Anne*). Die Leistungsstärkeren setzten auch hier Maßstäbe. Viel Denkarbeit war nötig, bis *Dominic* seinen anspruchsvollen Rechentext konstruiert hatte. Er erhöhte den Schwierigkeitsgrad zusätzlich, indem er unbequeme Rechenzahlen einsetzte.

DOMINIC

Die Kinder haben 892 Gummybärchen. In einer Tüte sind 127 Gummybärchen. Es sind 6 Kinder
Frage: Wieviel ~~bekommt~~ Tüten bekommt jedes Kind

KATHARINA

Der Zauberer zaubert aus seinem Hut
973 Blumen, 566 Blumen sind auf einmal weg!
Frage: Wie viele Blumen bleiben übrig?

SEPTEMBER
OKTOBER
NOVEMBER
DEZEMBER
JANUAR
FEBRUAR
MÄRZ
APRIL
MAI
JUNI
JULI
AUGUST

Schreibe Rechnungen, die eine Million ergeben.

ÜBUNGSINHALT, ÜBUNGSZIEL:

Auch diese Aufgabe hatte in Klasse 4 schon Tradition: Wieder wurde eine markante Zahlenraumgrenze der Klassenstufe für das Rechnen gewählt. Die Schüler konnten sich erproben im Durchschreiten des großen Zahlenraums und eigene diesbezügliche Fähigkeiten zu Beginn der Zahlenraumerweiterung im Unterricht ausloten. Für die Lehrenden wird ersichtlich, worauf sie sich bei der Unterrichtsplanung stützen können.

Kl. 4 | AUFGABE 3 | R24 | RECHNEN | OKTOBER

Schreibe Rechnungen, die eine Million ergeben.
Schreibe Rechnungen, die eine Million ergeben.
Schreibe Rechnungen, die eine Million ergeben.
Schreibe Rechnungen, die eine Million ergeben.
Schreibe Rechnungen, die eine Million ergeben.
Schreibe Rechnungen, die eine Million ergeben.
Schreibe Rechnungen, die eine Million ergeben.
Schreibe Rechnungen, die eine Million ergeben.
Schreibe Rechnungen, die eine Million ergeben.
Schreibe Rechnungen, die eine Million ergeben.
Schreibe Rechnungen, die eine Million ergeben.
Schreibe Rechnungen, die eine Million ergeben.

KINDERLÖSUNGEN:

ISABEL

500.000 + 500.000 = 1.000000
999.999 + 1 = 1.000000
750.000 + 250.000 = 1.000000
900.000 + 100.000 = 1.000000
425.000 + 575.000 = 1000000
250.000 · 4 = 1.000000
500.000 · 2 = 1.000000
9.000099 − 99 = 1.000000
626000 + 374000 = 1.000000
50.000 · 20 = 1.000000
25.000 · 40 = 1.000000
5000 · 200 = 1.000000
2500 · 400 = 1.000000

KATHARINA

500 000 · 2 = 1000000
999 999 + 1 = 1000000
1000001 − 1 = 1000000
500 000 + 500 000 = 1000000
1999999 − 999 999 = 1000000
2000000 − 100 0000 = 1000000
999 998 + 2 = 1000000
100 0000 + 0 = 1000000
400 000 + 600 000 = 1000000
300 000 + 700 000 = 1000000

LISA

2 · 500 · 10 · 4 · 2 + 800 + 200 + 1000 ·
10 · 10 = 1000000, 88888 + 11112 = 1000000
200.000 · 50 = 1000.000, 500.000 · 20 = 1000.000,
99998 + 2 = 1000.000, 250.000 · 40 = 1000.000,
8000.000 − 7000.000 = 1000.000, 10.000 · 100 = 1000.000,
900.000 + 100.000 = 1000000, 99999 + 1 = 1000.000,
99991 + 9 = 1000.000, 9000.000 − 8000.000 = 1000.000,
600.000 + 400.000 = 1000.000

DIAGNOSTISCHE BEOBACHTUNGEN UND FÖRDERASPEKTE:

Die Arbeitsprodukte der Kinder verwiesen auf Rechenkompetenzen und ließen Aussagen über die Stellenwertsicherheit zu. Alle Rechenoperationen traten in den Schülerprodukten auf. Bei den Additionen und Subtraktionen wurde häufig mit „glatten“ Zahlen gearbeitet. Ein Teil der Schüler konnte eine differenziertere Sicht auf diesen großen Zahlenraum zum Ausdruck bringen (vgl. *Isabel* und *Lisa*). *Sebastian* demonstrierte, wie man mit allen vier Rechenoperationen die Million erreichen kann. Dabei gelang es ihm, auch Divisionen, die sonst kaum auftraten, einzubeziehen. Dies schaffte auch *Tung*, der sich an teilweise anspruchsvolle Kettenaufgaben auf dem Weg zur Million heranwagte.

SEBASTIAN

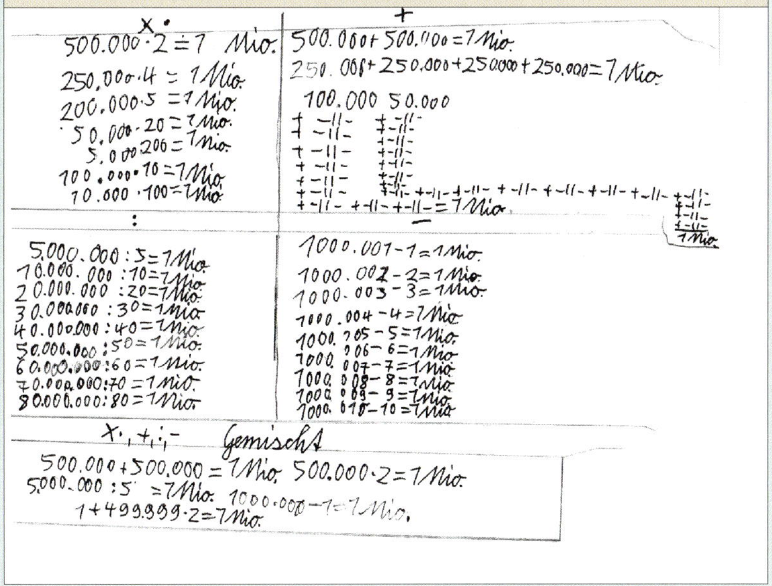
x ·
500.000 · 2 = 1 Mio.
250.000 · 4 = 1 Mio.
200.000 · 5 = 1 Mio.
50.000 · 20 = 1 Mio.
5.000 · 200 = 1 Mio.
100.000 · 10 = 1 Mio.
10.000 · 100 = 1 Mio.
\+
500.000 + 500.000 = 1 Mio.
250.000 + 250.000 + 250.000 + 250.000 = 1 Mio.
100.000 50.000
\+ -"- … = 1 Mio.
:
5.000.000 : 5 = 1 Mio.
10.000.000 : 10 = 1 Mio.
20.000.000 : 20 = 1 Mio.
30.000.000 : 30 = 1 Mio.
40.000.000 : 40 = 1 Mio.
50.000.000 : 50 = 1 Mio.
60.000.000 : 60 = 1 Mio.
70.000.000 : 70 = 1 Mio.
80.000.000 : 80 = 1 Mio.
−
1000.001 − 1 = 1 Mio.
1000.002 − 2 = 1 Mio.
1000.003 − 3 = 1 Mio.
1000.004 − 4 = 1 Mio.
1000.005 − 5 = 1 Mio.
1000.006 − 6 = 1 Mio.
1000.007 − 7 = 1 Mio.
1000.008 − 8 = 1 Mio.
1000.009 − 9 = 1 Mio.
1000.010 − 10 = 1 Mio.
x ·, + ; : −   Gemischt
500.000 + 500.000 = 1 Mio. 500.000 · 2 = 1 Mio.
5.000.000 : 5 = 1 Mio. 1000.000 − 1 = 1 Mio.
1 + 499.999 · 2 = 1 Mio.

ANNE

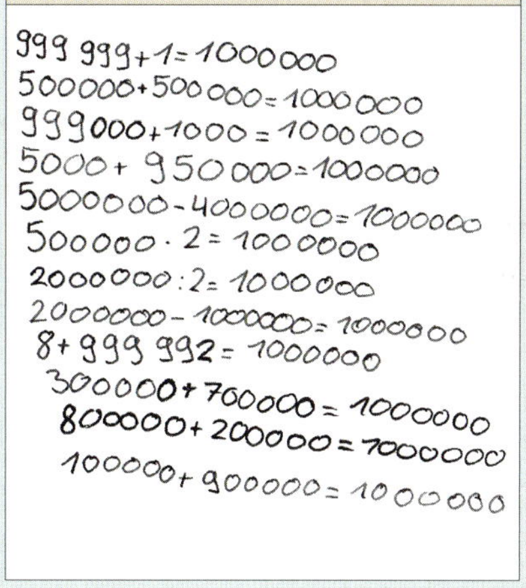
999 999 + 1 = 1000000
500000 + 500000 = 1000000
999000 + 1000 = 1000000
5000 + 950000 = 1000000
5000000 − 4000000 = 1000000
500000 · 2 = 1000000
2000000 : 2 = 1000000
2000000 − 1000000 = 1000000
8 + 999 992 = 1000000
300000 + 700000 = 1000000
800000 + 200000 = 1000000
100000 + 900000 = 1000000

TUNG

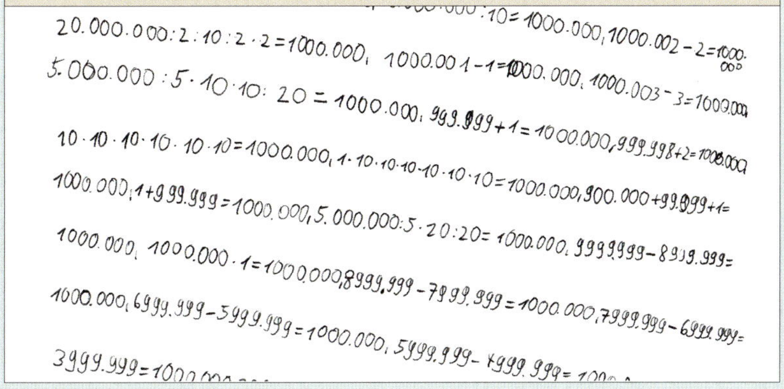
… : 10 = 1000.000, 1000.002 − 2 = 1000.000
20.000.000 : 2 : 10 : 2 · 2 = 1000.000, 1000.001 − 1 = 1000.000, 1000.003 − 3 = 1000.000
5.000.000 : 5 · 10 · 10 : 20 = 1000.000, 999.999 + 1 = 1000.000, 999.998 + 2 = 1000.000
10 · 10 · 10 · 10 · 10 · 10 = 1000.000, 1 · 10 · 10 · 10 · 10 · 10 · 10 = 1000.000, 900.000 + 99.999 + 1 =
1000.000, 1 + 999.999 = 1000.000, 5.000.000 : 5 · 20 : 20 = 1000.000, 9999.999 − 8999.999 =
1000.000, 1000.000 · 1 = 1000.000, 8999.999 − 7999.999 = 1000.000, 7999.999 − 6999.999 =
1000.000, 6999.999 − 5999.999 = 1000.000, 5999.999 − 4999.999 = 1000.…
3999.999 = 1000.000 …

SEPTEMBER
OKTOBER
NOVEMBER
DEZEMBER
JANUAR
FEBRUAR
MÄRZ
APRIL
MAI
JUNI
JULI
AUGUST

Zeichne Figuren und Darstellungen, die symmetrisch sind.

ÜBUNGSINHALT, ÜBUNGSZIEL:

Die in der Grundschule betrachteten geometrischen Inhalte bieten weniger Anknüpfungspunkte für offene Aufgabenstellungen als arithmetische, insbesondere, wenn man der Maßgabe folgt, dass auch die schwächeren Schüler eine gute Einstiegschance haben müssen. So wurde eine ähnliche Aufgabe zur Symmetrie auch schon in Klasse 3 gestellt (*vgl. Kl. 3, Aufgabe 9*).

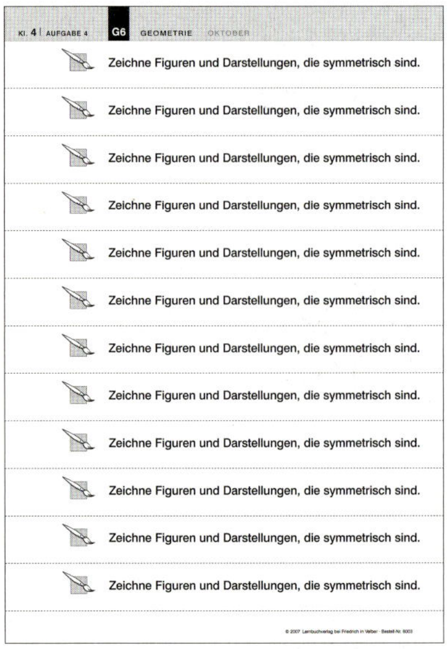

Kl. 4 | AUFGABE 4 G6 GEOMETRIE OKTOBER

Zeichne Figuren und Darstellungen, die symmetrisch sind.

Zeichne Figuren und Darstellungen, die symmetrisch sind.

Zeichne Figuren und Darstellungen, die symmetrisch sind.

Zeichne Figuren und Darstellungen, die symmetrisch sind.

Zeichne Figuren und Darstellungen, die symmetrisch sind.

Zeichne Figuren und Darstellungen, die symmetrisch sind.

Zeichne Figuren und Darstellungen, die symmetrisch sind.

Zeichne Figuren und Darstellungen, die symmetrisch sind.

Zeichne Figuren und Darstellungen, die symmetrisch sind.

Zeichne Figuren und Darstellungen, die symmetrisch sind.

Zeichne Figuren und Darstellungen, die symmetrisch sind.

Zeichne Figuren und Darstellungen, die symmetrisch sind.

KINDERLÖSUNGEN:

VINCENT

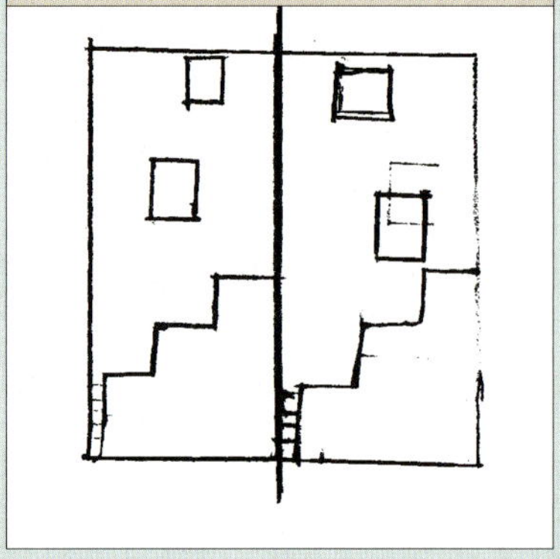

MARIE

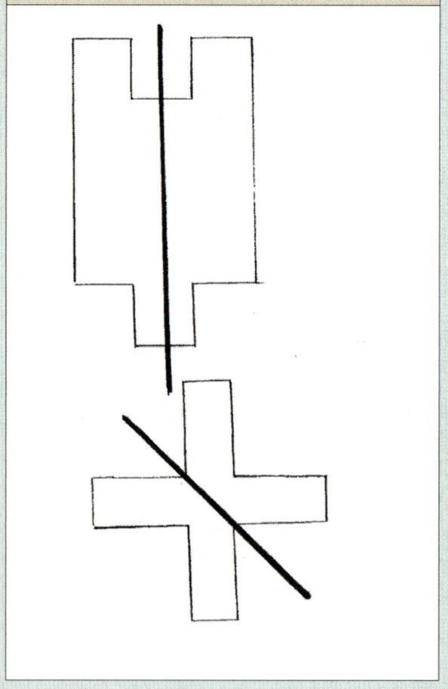

SEBASTIAN

DIAGNOSTISCHE BEOBACHTUNGEN UND FÖRDERASPEKTE:

Die Schüler konzentrierten sich vor allem auf die im Unterricht betrachtete Achsensymmetrie als Eigenschaft von Figuren. An einer achsensymmetrischen Darstellung, die eine Beziehung zwischen Figuren widerspiegelt, versuchte sich nur *Vincen*t.

Die verschiedensten achsensymmetrischen Figuren spiegelten sich in den Schülerprodukten wider: Es wurden typische geometrische Figuren gezeichnet, andere Figuren mit regelmäßigen Strukturen, Gegenstände des Alltags, aber auch eigene Phantasiedarstellungen. Im Vergleich zu Klassenstufe 3 wählten die Kinder anspruchsvollere Ausgangsfiguren (vgl. *Marie, Sebastian, Lisa*) und konnten teilweise eine fachlich perfekte Darstellung zeigen (vgl. *Simon*). Es gab kaum fehlerhafte Darstellungen – *Vincents* Fehlvorstellung gehörte zu den Ausnahmen. Er bemerkte selbst, dass etwas nicht stimmt, wusste nur nicht so richtig, wie er es ändern sollte. Seine Darstellung bot der Lehrerin Anknüpfungspunkte für die Auswertungsrunde.

LISA

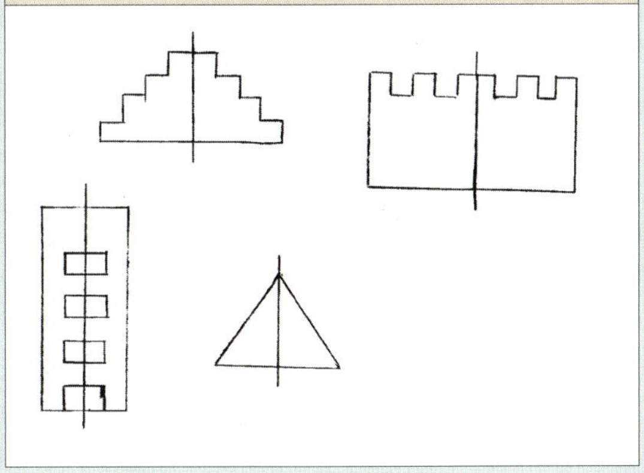

SIMON

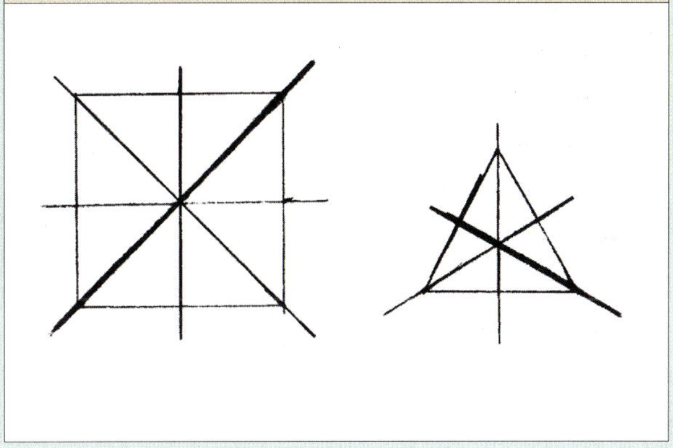

THERESA

LISA N.

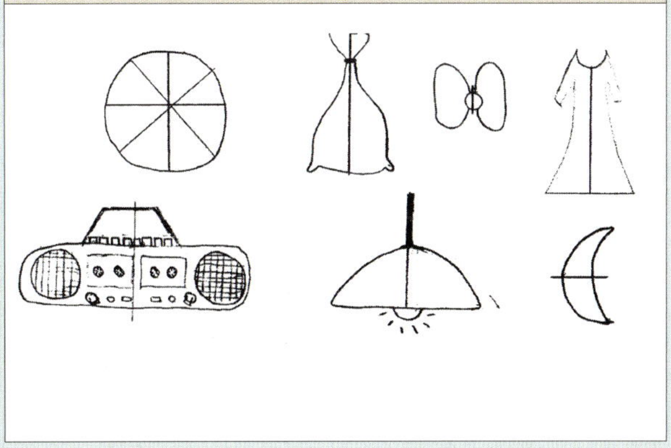

**Suche dir eine Zahl, mit der du gern einmal rechnen würdest.
Rechne verschiedene Aufgaben mit dieser Zahl.**

ÜBUNGSINHALT, ÜBUNGSZIEL:

Eine solche Aufgabenstellung gehört zu denen, die klassenstufenunabhängig eingesetzt werden können. In Klassenstufe 4 kann man sie mit der Zielstellung verbinden, dass den Viertklässlern bewusst wird, zu welchen Rechenleistungen sie inzwischen imstande sind. Hinzu kommt, dass die Schüler zunächst selbst einschätzen müssen, welche Rechenzahl für sie geeignet ist. Im Verlauf unseres Projektes haben uns die diesbezüglichen Entscheidungen der Schüler immer wieder beeindruckt. Meistens konnten sie gut einschätzen, welche Rechenzahl sie ihrem Rechenniveau entsprechend einsetzen können (*vgl. auch Kl. 1, Aufgabe 9*).

Kl. 4 | AUFGABE 5 R25 RECHNEN NOVEMBER

Suche dir eine Zahl, mit der du gern einmal rechnen würdest.
Rechne verschiedene Aufgaben mit dieser Zahl.

Suche dir eine Zahl, mit der du gern einmal rechnen würdest.
Rechne verschiedene Aufgaben mit dieser Zahl.

Suche dir eine Zahl, mit der du gern einmal rechnen würdest.
Rechne verschiedene Aufgaben mit dieser Zahl.

Suche dir eine Zahl, mit der du gern einmal rechnen würdest.
Rechne verschiedene Aufgaben mit dieser Zahl.

Suche dir eine Zahl, mit der du gern einmal rechnen würdest.
Rechne verschiedene Aufgaben mit dieser Zahl.

Suche dir eine Zahl, mit der du gern einmal rechnen würdest.
Rechne verschiedene Aufgaben mit dieser Zahl.

Suche dir eine Zahl, mit der du gern einmal rechnen würdest.
Rechne verschiedene Aufgaben mit dieser Zahl.

Suche dir eine Zahl, mit der du gern einmal rechnen würdest.
Rechne verschiedene Aufgaben mit dieser Zahl.

Suche dir eine Zahl, mit der du gern einmal rechnen würdest.
Rechne verschiedene Aufgaben mit dieser Zahl.

KINDERLÖSUNGEN:

LISA

5000

+	−
5000 + 1 = 5001	5000 − 1 = 4999
5000 + 2 = 5002	5000 − 2 = 4998
5000 + 3 = 5003	5000 − 3 = 4997
5000 + 4 = 5004	5000 − 4 = 4996
5000 + 5 = 5005	5000 − 5 = 4995
5000 · 1 = 5000	5000 : 1 = 5000
5000 · 2 = 10.000	5000 : 2 = 2500
5000 · 3 = 15.000	5000 : 3 = 1700
5000 · 4 = 20.000	5000 : 4 = 1250
5000 · 5 = 25.000	5000 : 5 = 1000

SIMON

112345 + 93616 = 121961, 210311 − 112345, 3 + 112345 = 112348, 112345 · 2 = 224690, 50 + 112345 = 112395, 112345 · 2 − 101 : 2 = 1

1000 − 632 · 2 − 300 : 1 + 1 · 1 − 1 · 10 − 135 = 4225, 396 − 96 + 1000 = 1300, 1000 · 1

360	120
360 : 10 = 36	120 · 10 = 1200
10 · 360 − 250 · 10 = 33500	30 · 2 + 120 = 180
3 · 360 − 120 + 100 − 360 = 910	2 · 6 − 6 · 2 + 120 = 132
10 · 2 − 10 + 120 + 360 · 2 = 960	10 · 120 − 600 · 2 − 100 + 1000 = 2100
1 + 1 + 1 + 1 + 1 + 1 + 1 − 1 + 1 + 360 + 1 = 370	3 · 120 − 60 · 10 − 300 = 2700
2 · 360 − 130 + 360 : 1 · 10 = 9500	10 : 2 − 3 − 2 + 1200 + 360 = 1560
360 · 10 + 120 · 10 = 37200	121 − 1 + 63 − 63 = 120

DIAGNOSTISCHE BEOBACHTUNGEN UND FÖRDERASPEKTE:

Anne setzte sich mit 10.000 ein ehrgeiziges Ziel, das sie teilweise bewältigte. *Marie* produzierte mit ihrer Rechenzahl 6 Aufgaben zu allen vier Rechenoperationen. Dabei gerieten auch Aufgaben aufs Papier, die so nicht gemeint sind (der Divisor gerät anstelle des Dividenden an die erste Position). Eine solche Situation entsteht mitunter, wenn Divisionsaufgaben ohne Vorlage produziert werden. Da man diese Darstellung vor allem bei rechenschwächeren Schülern findet, kann man auch schlussfolgern, dass die Überlegung, wie oft steckt der Divisor im Dividenden näher bei der Multiplikation liegt und deshalb einfacher zu bewältigen ist.
Auch *Lisa* baute ihre Aufgabenproduktion nach den Rechenoperationen auf. Sie wählte entsprechend ihres guten rechnerischen Vermögens eine größere Zahl aus. Man kann anfangs nicht so genau einschätzen, was beim Rechnen auf einen zukommt. Und so war für sie nicht abzusehen, dass das Dividieren dann doch seine Tücken hatte (*vgl. 5.000 : 3*).
Simon und *Dominic*, die leistungsstarken Rechner, strebten auch dieses Mal ein hohes Niveau der Aufgabenauswahl und -bearbeitung an. *Dominic* erzeugte mit der 24 eine ganze DIN-A4-Seite voller Rechnungen, mit teilweise hohem Schwierigkeitsgrad. *Simon* wollte seinen Anspruch schon mit der gewählten Rechenzahl markieren (112.345). Erst beim Arbeiten stellte er fest, dass diese Zahl für das Rechnen im Kopf nicht günstig ist. Er wechselte nach ersten Versuchen dann noch zweimal, um zu angenehmeren Rechenzahlen zu gelangen. Bei seinen Rechnungen wurde wieder deutlich, dass inzwischen schon Wissen fehlt, dass von ihm selbst nicht herzuleiten ist: das Setzen von Klammern bzw. die Regel „Punktrechnung vor Strichrechnung" (*vgl. auch Kl. 3, Aufgaben 2 und 12*).

DOMINIC (Ausschnitt)

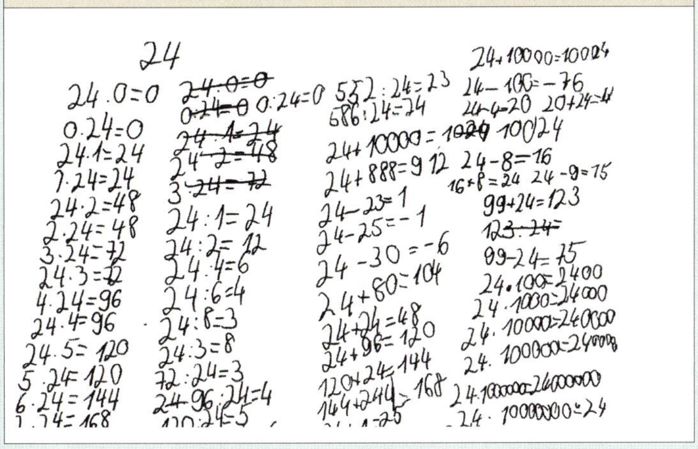

ANNE

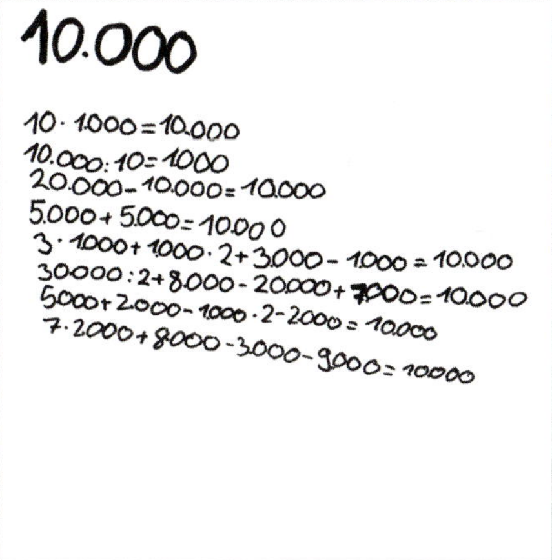

MARIE

SEPTEMBER
OKTOBER
NOVEMBER
DEZEMBER
JANUAR
FEBRUAR
MÄRZ
APRIL
MAI
JUNI
JULI
AUGUST

Zeichne eine Figur und zerlege sie in Teile. Zeichne neue Figuren, die aus diesen Teilen bestehen.

ÜBUNGSINHALT, ÜBUNGSZIEL:

Die Aufgabe erfordert ein gutes Maß an Vorstellungsvermögen. „Kopfgeometrie" ist hier maßgeblich beteiligt (*Franke 2000*). Für die schwächeren Schüler ist der Auftrag schon fast zu schwierig, insbesondere der Teil der Aufgabe, in dem es um das Weiterverwenden der Zerlegungen aus der Ausgangsfigur geht. Die Wertung der Arbeitsergebnisse sollte deshalb besonders offen sein und auch schon Tendenzen, die in die richtige Richtung gehen, bekräftigen.

Kl. 4 | AUFGABE 6 G7 GEOMETRIE NOVEMBER

Zeichne eine Figur und zerlege sie in Teile.
Zeichne neue Figuren, die aus diesen Teilen bestehen.

Zeichne eine Figur und zerlege sie in Teile.
Zeichne neue Figuren, die aus diesen Teilen bestehen.

Zeichne eine Figur und zerlege sie in Teile.
Zeichne neue Figuren, die aus diesen Teilen bestehen.

Zeichne eine Figur und zerlege sie in Teile.
Zeichne neue Figuren, die aus diesen Teilen bestehen.

Zeichne eine Figur und zerlege sie in Teile.
Zeichne neue Figuren, die aus diesen Teilen bestehen.

Zeichne eine Figur und zerlege sie in Teile.
Zeichne neue Figuren, die aus diesen Teilen bestehen.

Zeichne eine Figur und zerlege sie in Teile.
Zeichne neue Figuren, die aus diesen Teilen bestehen.

Zeichne eine Figur und zerlege sie in Teile.
Zeichne neue Figuren, die aus diesen Teilen bestehen.

Zeichne eine Figur und zerlege sie in Teile.
Zeichne neue Figuren, die aus diesen Teilen bestehen.

KINDERLÖSUNGEN:

MARIE

SEBASTIAN

DIAGNOSTISCHE BEOBACHTUNGEN UND FÖRDERASPEKTE:

Eigentlich war beim Stellen der Aufgabe an Darstellungen gedacht, die, wie bei *Lisa*, von typischen geometrischen Figuren ihren Ausgang nehmen. Die Viertklässler nutzten die Freiräume, die ihnen die Aufgabenstellung gewährte, aber vor allem für fantasievolle Figuren. Sie taten dies mit Freude und analytischem Geschick. Neben den Darstellungsfähigkeiten der Kinder wurde die Wahrnehmung geschult und das Vorstellungsvermögen angesprochen. Mitunter ließ die differenzierte Sicht auf das Ganze und seine Teile erstaunen (vgl. *Marie* und *Sebastian*).

VINCENT

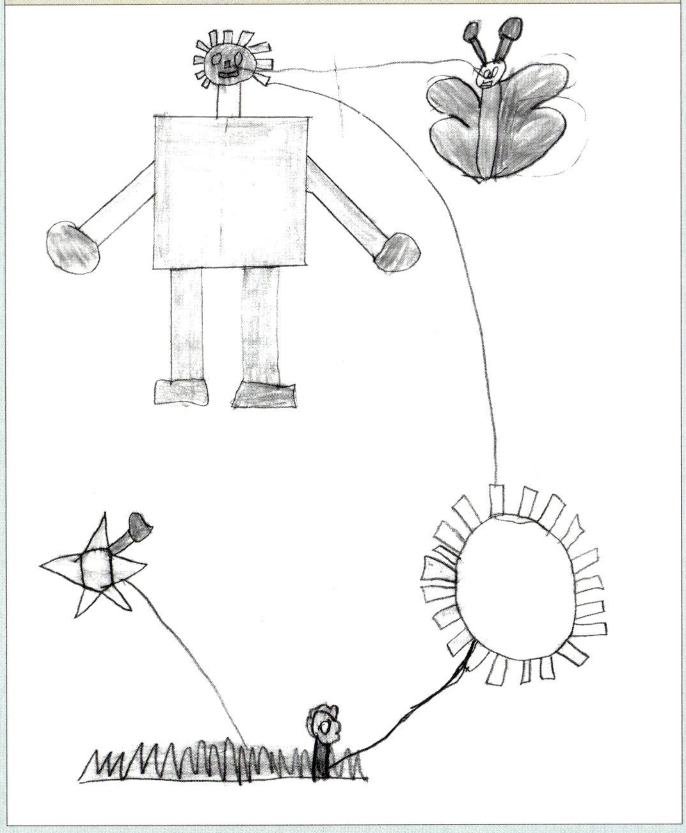

KATHARINA

LISA

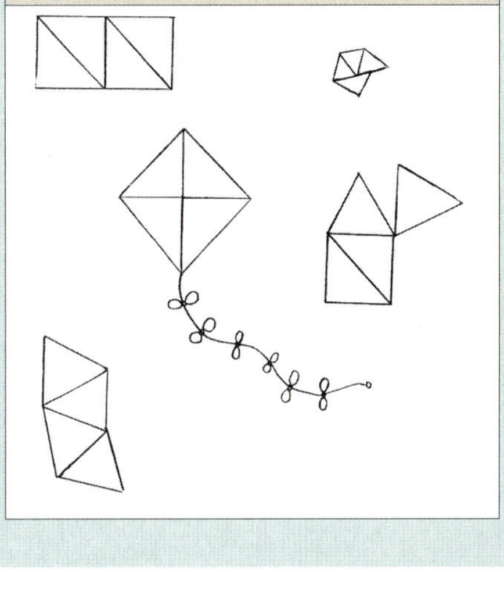

**Finde Zahlen, die sich durch viele andere teilen lassen.
Schreibe die Teiler dazu.**

ÜBUNGSINHALT, ÜBUNGSZIEL:

Aufgabenstellungen zur Teilbarkeit natürlicher Zahlen sollten auch in dieser Klassenstufe zur Gruppe der offenen Aufgaben gehören. Während in den Klassenstufen 2 und 3 die Schüler bei ähnlichen Aufgaben in der Regel Zahlen wählen, die ihnen vom Grundaufgabenbereich her vertraut sind, kann man in Klassenstufe 4 das Heranwagen an größere Zahlen erwarten. Auswertende Gespräche können das Wissen zu Teilbarkeitsregeln vertiefen und ergänzen.

Kl. 4 | AUFGABE 7 Z12 ZAHLEN UND ZAHLENBEZIEHUNGEN DEZEMBER

Finde Zahlen, die sich durch viele andere teilen lassen.
Schreibe die Teiler dazu.

Finde Zahlen, die sich durch viele andere teilen lassen.
Schreibe die Teiler dazu.

Finde Zahlen, die sich durch viele andere teilen lassen.
Schreibe die Teiler dazu.

Finde Zahlen, die sich durch viele andere teilen lassen.
Schreibe die Teiler dazu.

Finde Zahlen, die sich durch viele andere teilen lassen.
Schreibe die Teiler dazu.

Finde Zahlen, die sich durch viele andere teilen lassen.
Schreibe die Teiler dazu.

Finde Zahlen, die sich durch viele andere teilen lassen.
Schreibe die Teiler dazu.

Finde Zahlen, die sich durch viele andere teilen lassen.
Schreibe die Teiler dazu.

Finde Zahlen, die sich durch viele andere teilen lassen.
Schreibe die Teiler dazu.

KINDERLÖSUNGEN:

ISABEL

1000: 10, 100, 1000, 1, 2, 5, 200, 500, 50, 20
100: 10, 100, 5, 50, 20, 2, 1
10: 10, 5, 2, 1,
360: 6, 60, 9, 90, 10, 1, 4, 40
3600: 6, 600, 60, 90, 900, 9, 1, 10, 40, 400, 4
280: 7, 70, 10, 1, 40, 4
2800: 7, 70, 700, 1, 10, 100, 40, 4, 40
28.000: 7, 70, 700, 7000, 10, 100, 1000,

LISA

24	8	16	12	20
24 : 8	8 : 8	16 : 16	12 : 4	20 : 5
24 : 3	8 : 4	16 : 1	12 : 3	20 : 4
24 : 6	8 : 2	16 : 4	12 : 2	20 : 2
24 : 4	8 : 1	16 : 8	12 : 6	20 : 10
24 : 1	8 : 0	16 : 2	12 : 12	20 : 1
24 : 24	8 :	16 : 0	12 : 0	20 : 20
24 : 12	8 :	16 :	12 :	20 : 0

DIAGNOSTISCHE BEOBACHTUNGEN UND FÖRDERASPEKTE:

Eine analoge Aufgabe wurde in Klassenstufe 3 gestellt (*vgl. Kl. 3, Aufgabe 7*). Die Ansätze der Viertklässler waren ähnlich. Gewachsene Fähigkeiten spiegelten sich vor allem in der Vielzahl der Teiler wider, die einer Zahl zugeordnet wurden (vgl. *Isabel, Dominic, Lisa*). Auch hier gab es wieder besondere Schülerproduktionen wie die von *Simon*, der Freude daran hatte, viele Teiler in eine Aufgabe zu stecken.
Die Aufgabe setzte die Reihe zu Teilbarkeitsbeziehungen fort (*vgl. Kl. 2, Aufgaben 5, 12 und Kl. 3, Aufgaben 7, 8, 11, 15*).

VINCENT

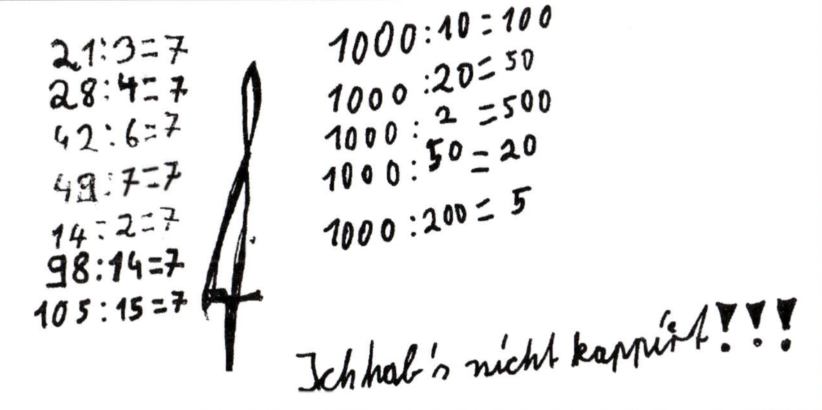

SIMON

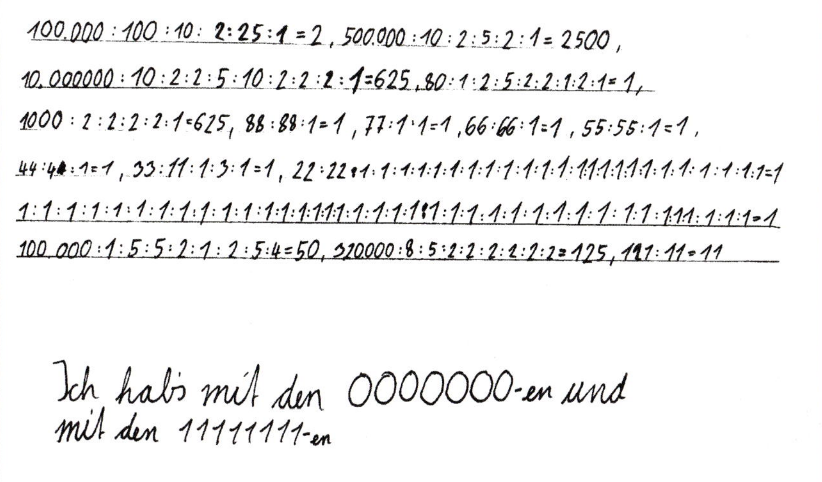

DOMINIC

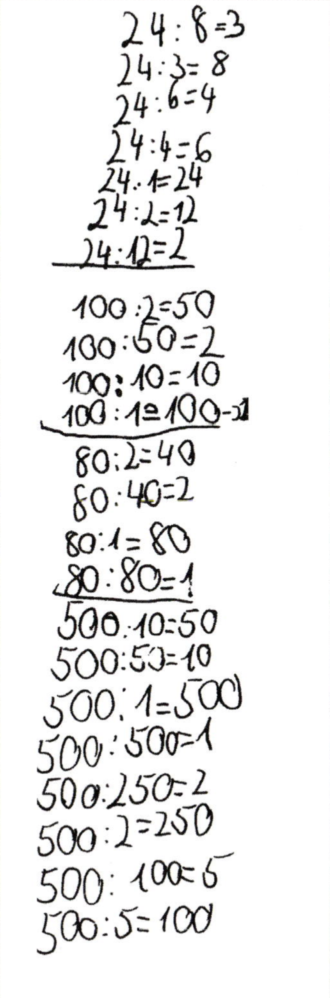

SEPTEMBER
OKTOBER
NOVEMBER
DEZEMBER
JANUAR
FEBRUAR
MÄRZ
APRIL
MAI
JUNI
JULI
AUGUST

Schreibe Längen auf, die du kennst.
Schreibe Gewichte auf, die du kennst.

ÜBUNGSINHALT, ÜBUNGSZIEL:

Diese Aufgabe gehörte zu den wenigen, die im Verlauf des Projektes zu den Größenbereichen gestellt wurden (*vgl. Kl. 2, Aufgabe 20, Kl. 3, Aufgabe 3*).
Auch in Klassenstufe 4 fiel auf, dass der Auftrag mit einer gewissen Lösungsunsicherheit entgegengenommen wurde, die sich erst allmählich auflösen konnte. Dies zeigte, dass das Wissen zu Größen für solche offenen Anwendungen nicht stabil zur Verfügung steht bzw. man sich weniger als sonst behelfen kann.

Kl. 4 AUFGABE 8 S19 SACHRECHNEN DEZEMBER

Schreibe Längen auf, die du kennst.
Schreibe Gewichte auf, die du kennst.

Schreibe Längen auf, die du kennst.
Schreibe Gewichte auf, die du kennst.

Schreibe Längen auf, die du kennst.
Schreibe Gewichte auf, die du kennst.

Schreibe Längen auf, die du kennst.
Schreibe Gewichte auf, die du kennst.

Schreibe Längen auf, die du kennst.
Schreibe Gewichte auf, die du kennst.

Schreibe Längen auf, die du kennst.
Schreibe Gewichte auf, die du kennst.

Schreibe Längen auf, die du kennst.
Schreibe Gewichte auf, die du kennst.

Schreibe Längen auf, die du kennst.
Schreibe Gewichte auf, die du kennst.

Schreibe Längen auf, die du kennst.
Schreibe Gewichte auf, die du kennst.

KINDERLÖSUNGEN:

KATHARINA

Ich bin ca. 1,45m groß.
Das Gewicht von mir ist ungefähr 35 kg.
Meine Mutti wiegt 60 bis 65 kg.
Die Länge meiner Mutti ist ca. 1,65 m

LISA

Ein Shire Horst (Pferderasse) kann 1Tonne wiegen und 1,85m groß werden.
Mein Vati ist 1,81 m groß.
Ein Hannoveraner (Pferderasse) ist 1,65 groß.
Ein Schettlandpony ist 1m groß.
Ein Lippizaner ist 1,55m groß.

Pferde werden an der Schulter gemessen.

So groß bin ich ungefähr.

DIAGNOSTISCHE BEOBACHTUNGEN UND FÖRDERASPEKTE:
Viele Schüler griffen eigene Körpermaße auf (vgl. *Katharina, Simon*). Teilweise wurde auch Wissen aus dem Unterricht verwendet (z. B. die Maße der Tafel). Darüber hinaus nutzten die Kinder Größenkenntnisse, die sich durch Hobbys ergaben (vgl. *Lisa*) bzw. die Bestandteil des Allgemeinwissens waren (vgl. *Simon*). Letzteres trat selten auf. Auch aktuelle Schätzungen, wie sie *Lisa N.* benutzte, blieben die Ausnahme. Wie schon an anderer Stelle wurde deutlich, dass das „freie" Wissen der Schüler zu Größen eher gering ist. Mit dem Größenbereich Länge kamen, wie zu erwarten war, noch die meisten Schüler zurecht. Diese Aufgabenstellung könnte man für weiteres Arbeiten nutzen. Dabei sollte den Schülern auch deutlich werden, dass der Umgang mit geschätzten Größen durchaus legitim und wichtig sein kann.

SIMON

Von Erfurt bis Cegled (Ungarische Stadt) sind es 1195 km.
Ich bin 142 cm groß. Ich wiege 37 kg.
Meine Schwester ist 151 cm groß. Sie wiegt 39 kg.
Unsere Wohnung ist 64 m² groß.
Mein bester Freund Christian ist 140 cm groß. Er wiegt 38-39 kg.
Ein Joghurt wiegt 250 g.
Eine ausgeklappte Tafel ist 4 m groß.

LISA N.

Längen

Mein Radiergummistift 11 cm lang.
Papas Brillenbox ist 12 cm lang.
Die ganze Tafel ist 4 m lang.
Der Killer ist 17 cm lang.
Das Zahlenbuch 20 cm lang.
Ich bin 1,48 m groß.

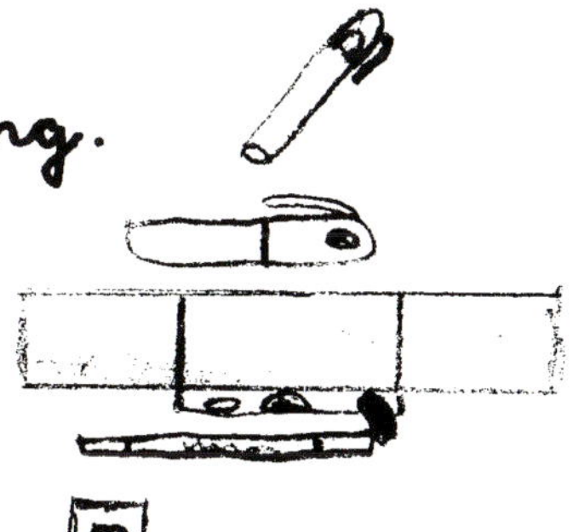

SEPTEMBER
OKTOBER
NOVEMBER
DEZEMBER
JANUAR
FEBRUAR
MÄRZ
APRIL
MAI
JUNI
JULI
AUGUST

Finde immer 3 Zahlen, die gut zusammen passen. Schreibe auf, warum das deiner Meinung nach so ist.

ÜBUNGSINHALT, ÜBUNGSZIEL:

Während die meisten Aufgaben zu Zahlen die zu betrachtenden Zahlenbeziehungen vorgaben, mussten diese bei der Aufgabe 9 selbst konstruiert werden. Dabei sollte sowohl das inzwischen erworbene Schulwissen angesprochen werden, als auch das Wissen zu Zahlenbeziehungen, das im sonstigen Schüleralltag erworben wurde.

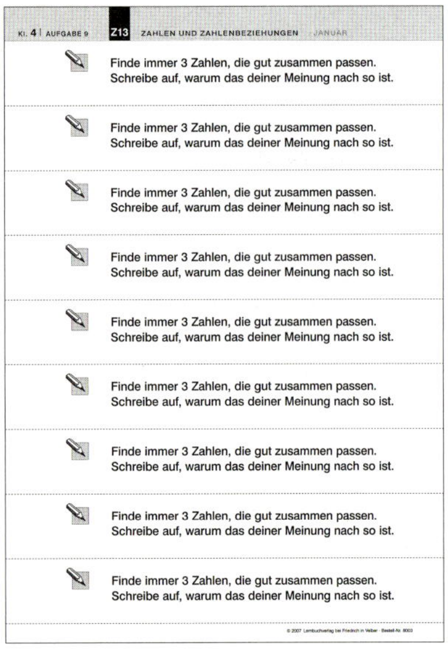
Kl. 4 | AUFGABE 9 Z13 ZAHLEN UND ZAHLENBEZIEHUNGEN JANUAR

Finde immer 3 Zahlen, die gut zusammen passen.
Schreibe auf, warum das deiner Meinung nach so ist.

Finde immer 3 Zahlen, die gut zusammen passen.
Schreibe auf, warum das deiner Meinung nach so ist.

Finde immer 3 Zahlen, die gut zusammen passen.
Schreibe auf, warum das deiner Meinung nach so ist.

Finde immer 3 Zahlen, die gut zusammen passen.
Schreibe auf, warum das deiner Meinung nach so ist.

Finde immer 3 Zahlen, die gut zusammen passen.
Schreibe auf, warum das deiner Meinung nach so ist.

Finde immer 3 Zahlen, die gut zusammen passen.
Schreibe auf, warum das deiner Meinung nach so ist.

Finde immer 3 Zahlen, die gut zusammen passen.
Schreibe auf, warum das deiner Meinung nach so ist.

Finde immer 3 Zahlen, die gut zusammen passen.
Schreibe auf, warum das deiner Meinung nach so ist.

Finde immer 3 Zahlen, die gut zusammen passen.
Schreibe auf, warum das deiner Meinung nach so ist.

KINDERLÖSUNGEN:

MARIE

888, 777, 666 Weil das immer bei jeder Zahl die selben sind!
2, 4, 6 Immer die zweite Zahl!
1, 2, 3 Die sind hinteinander!
4, 8, 16, Das ist immer das doppelte!
3, 2, 1 Die werden immer um eins kleiner!
9, 12, 15 Sie werden um drei größer!
444, 333, 222 Das sind Schnapszahlen!
16, 8, 4 Immer die Helfte!
8, 8, 8 Das sind einfach schöne Zahlen!
1000, 2000, 3000 Sie sind immer um eintausender mehr!

LISA

6, 12, 18 Diese Zahlen kommen in der Sechserreihe vor.
24, 25, 26 Die Zahlen kommen hintereinander an die Reihe.
107, 109, 111 Das sind ungerade Zahlen.
50, 52, 54 Das sind gerade Zahlen.
24, 12, 18 Diese Zahlen kann man durch 6 teilen.

DIAGNOSTISCHE BEOBACHTUNGEN UND FÖRDERASPEKTE:

Nach anfänglicher Verwunderung machte die Aufgabe den Schülern großen Spaß. Deutlich zeigte sich auch hier unterschiedliche Leistungsfähigkeit: Die leistungsschwächeren Schüler wie *Anne* und *Felix* blieben bei den bisher im Unterricht am häufigsten verwendeten Zusammenhängen zu natürlichen Zahlen: gerade, ungerade Zahl; Zahlwortreihe.

Andere Schüler griffen weitere Zusammenhänge auf, die der Mathematikunterricht vermittelt hatte (z. B. Einmaleinsreihen und weitere Zahlenfolgen) und entwickelten auf dieser Grundlage ihre Beispiele (vgl. *Marie* und *Lisa*). Die Leistungsstärksten überzeugten durch besondere Ideen (vgl. *Dominic* und *Simon*). Vor allem *Dominic* gelang es, „neues" Wissen zu erzeugen, als er versuchte, seine ganz persönliche Sicht für besondere Zahlengruppen darzustellen (z. B. seine Vorstellungen von den kleinsten Zahlen und den größten Zahlen). Die Auswertungsrunde zeigte, dass die Schüler selbst über ihre Ideen staunten und letztendlich gab es einen deutlichen Zugewinn für die gesamte Lerngemeinschaft.

DOMINIC

777, 888, 999
Weil zwischen den Zahlen immer 111 Einer liegen.

10.000, 100.000, 1000000
Sie passen gut zusammen, weil es immer nur eine 0 mehr wird.

63, 70, 77
Es liegen immer 7 Einer dazwischen.

123, 234, 345
Es liegen immer 111 dazwischen.

300, 400, 500
Es liegt immer ein Stellenwert dazwischen. (100)

SIMON

0 1 2
0 1 2 3
0 1 2 3 4
sind die niedrigsten Zahlen

✱ / Sternzahl /
∞ / Unentlich /
X + / X Tausend /
sind die Höhsten Zahlen

10
20
30
sind die ersten -11- mit einer Null

394
16
7
Quersummen

ANNE

2, 4, 6 sind grade Zahlen
1, 3, 5 sind ungrade Zahlen

LISA N.

1 11, 22, 33 Es besteht aus der 11er Reihe.
2, 4, 6 Das sind gerade Zahlen.
8, 88, 888 Diese Zahlen bestehen nur aus achten.
1, 3, 5 Solche Zahlen nennt mann Ungerade Zahlen.
6, 20, 34 Immer Plus 14.
18, 30, 42 Immer Plus 12.
59, 36, 13 Immer Minus 23.

FELIX

3, 23, 33 diese Zahlen passen zusamen weil immer eine 3 hinten dran hengt.

1, 2, 3 die passen zusamen weil sie in der richtigen reienfolge sind,

Im Land der Abrafaxe leben die klugen Rechner.
Sie können im Kopf so schnell rechnen wie Maschinen.
Notiere schwierige Kopfrechnungen.
Wie weit kommst du im Kopf?

ÜBUNGSINHALT, ÜBUNGSZIEL:

Immer wieder fiel auf, wie gern die Schüler aller Jahrgänge im Rahmen der offenen Aufgaben rechneten. Dabei zeigte sich auch, dass in der Regel solche Aufgaben gebildet wurden, die ohne Nebenrechnungen im Kopf bewältigt werden konnten.

Der situative Rahmen, der für die Aufgabe 10 gewählt wurde, sollte die Viertklässler noch einmal besonders motivieren, ihre Kopfrechenfähigkeiten auszuloten.

Kl. 4 | AUFGABE 10 R26 RECHNEN MÄRZ

Im Land der Abrafaxe leben die klugen Rechner.
Sie können im Kopf so schnell rechnen wie Maschinen.
Notiere schwierige Kopfrechnungen.
Wie weit kommst du im Kopf?

Im Land der Abrafaxe leben die klugen Rechner.
Sie können im Kopf so schnell rechnen wie Maschinen.
Notiere schwierige Kopfrechnungen.
Wie weit kommst du im Kopf?

Im Land der Abrafaxe leben die klugen Rechner.
Sie können im Kopf so schnell rechnen wie Maschinen.
Notiere schwierige Kopfrechnungen.
Wie weit kommst du im Kopf?

Im Land der Abrafaxe leben die klugen Rechner.
Sie können im Kopf so schnell rechnen wie Maschinen.
Notiere schwierige Kopfrechnungen.
Wie weit kommst du im Kopf?

Im Land der Abrafaxe leben die klugen Rechner.
Sie können im Kopf so schnell rechnen wie Maschinen.
Notiere schwierige Kopfrechnungen.
Wie weit kommst du im Kopf?

Im Land der Abrafaxe leben die klugen Rechner.
Sie können im Kopf so schnell rechnen wie Maschinen.
Notiere schwierige Kopfrechnungen.
Wie weit kommst du im Kopf?

KINDERLÖSUNGEN:

MARIE

Die Zahlen kann ich im Kopf rechnen!

18 · 6 = 108	3000 · 7 = 21000	21000 : 7 = 3000
14 · 5 = 70	300 · 7 = 2100	2100 : 7 = 300
7 · 7 = 49	4000 · 8 = 32000	32000 : 8 = 4000
11 · 9 = 99	400 · 8 = 3200	3200 : 8 = 400
15 · 4 = 60	6000 · 9 = 54000	54000 : 9 = 6000
20 · 6 = 112	600 · 9 = 5400	5400 : 9 = 600

80 · 8 = 640	640 : 8 = 80	22 · 8 = 176
50 · 7 = 350	350 : 7 = 50	44 · 8 = 352
90 · 6 = 540	540 : 9 = 60	88 · 8 = 704
70 · 4 = 280	280 : 4 = 70	77 · 8 = 716
40 · 3 = 120	120 : 3 = 40	11 · 8 = 88
60 · 2 = 120	120 : 2 = 60	55 · 8 = 440

KATHARINA

13 · 14 = 182	82 − 10 : 9 + 100 + 92 · 5 = 1000
1468 : 2 = 734	11 · 10 − 10 : 2 + 25 = 75
21 · 5 = 105	10000 · 2 − 15000 : 5 = 1000
19 · 18 = 342	900 − 450 + 50 : 100 · 2 = 12
12 · 9 = 108	15 · 3 : 9 · 8 + 30 − 15 = 55
15 · 11 = 165	18 : 6 · 12 + 8 − 5 = 39

DIAGNOSTISCHE BEOBACHTUNGEN UND FÖRDERASPEKTE:

Die Schüler nahmen die fiktive Situation ernst und die Aufgabenstellung löste eine wahre Rechenwut aus. Fast alle arbeiteten bis an die Grenze ihrer mündlichen Rechenleistung: „Wir nutzten beim Nachsehen der Aufgaben den Taschenrechner!" Es war von allen Rechenarten und Rechnungen etwas dabei. *Marie* und *Katharina* testeten ihr Kopfrechenniveau mit anspruchsvollen Punktrechnungen, die *Katharina* mit Rechenketten ergänzte. *Vincent* und *Lisa* erprobten komplizierte Rechenzahlen in allen vier Rechenoperationen. *Simon* machte durch eine Überschrift auf sein Kopfrechenniveau aufmerksam. *Sebastian* traf mit der Vorgabe eines zeitlichen Rahmens für das Aufgabenlösen eine noch genauere Einschätzung des Lösungsanspruchs. Er führte seine Aufgabenproduktionen bis hin zu solchen, die wahrscheinlich nur noch die Abrafaxe im Kopf rechnen können (seiner Meinung nach).

VINCENT

35010 · 6 = 210060 0 - 90 = -90

7856 : 7 = 11220 121891010 · 18 = 2194038

70999 + 7 = 71006 88000 - 171 = 87829

Das war garnicht mal so leicht!

LISA

+	−
3470 + 5099 = 8569 5680 + 5320 = 11000	8569 - 5099 = 3470 11000 - 5320 = 5680
·	:
3470 · 3 = 10 410 5680 · 2 = 11 360	10 410 : 3 = 3470 11 360 : 2 = 5680

Wenn ich jede einzeln aufbekommen würde könnte ich sie vielleicht rechnen.

SEBASTIAN

Diese Aufgaben schafe Ich in 5 Min.
50 : 12, 1500 : 82; 1350 · 8, 1355 · 5,

in 10 min
1500 : 82, 13550 : 9, 73500 : 5

Für die Abrafaxe
21 + x - 1001 + 30 - 50 + 1000 - 978 + 10125 - 10
-8 : 10 = 1130
x + x - x + 30 - 60 + 1000 - 999 + 21 + 10125 - 70
-8 : 10 = 1130 + - : ·
x + 31 + [illegible] __ 50 - 2578 - 21 + 11135 - 6 : 10 = 1113
x __ 31 __ 60 - 10 - 2578 __ 21 __ 11135 - 5 : 10 = 1113

SIMON

Meine Grenze der Aufgaben:

81801 · 3 = 245.003, 10000 : 3 = 3333,31, 5837 + 12345 = 18182, 3333333 : 3 = 1111111, 3320 : 2 = 1660, 66778 · 2 = 133556, 125.630 + 358.274 = 483.904, 245.003 : 3 = 81801, 77 · 3 = 231, 999 · 4 = 3996

Zeichne große und kleine Quadrate auf dein Blatt. Zerlege die Quadrate so, dass Muster entstehen. Male farbig aus oder schwarz-weiß.

ÜBUNGSINHALT, ÜBUNGSZIEL:

Auf der Suche nach geometrischen Aufgabenstellungen griffen wir auch das Arbeiten mit Mustern auf (*Franke 2000; Radatz/Schipper/Dröge/Ebeling 1998; Radatz/Rickmeyer 1991*). Im Rahmen dieses Themenbereiches können Figurenkenntnisse erfasst und erweitert werden. Vor allem Symmetrieeigenschaften, die beim Gestalten von Mustern vielfach genutzt werden, könnten thematisiert werden. Die Aufgabenstellung könnte auch Ausgangspunkt für das Arbeiten mit Mustern und Ornamenten sein.

Kl. 4 | AUFGABE 11 G8 GEOMETRIE APRIL

Zeichne große und kleine Quadrate auf dein Blatt.
Zerlege die Quadrate so, dass Muster entstehen.
Male farbig aus oder schwarz-weiß.

Zeichne große und kleine Quadrate auf dein Blatt.
Zerlege die Quadrate so, dass Muster entstehen.
Male farbig aus oder schwarz-weiß.

Zeichne große und kleine Quadrate auf dein Blatt.
Zerlege die Quadrate so, dass Muster entstehen.
Male farbig aus oder schwarz-weiß.

Zeichne große und kleine Quadrate auf dein Blatt.
Zerlege die Quadrate so, dass Muster entstehen.
Male farbig aus oder schwarz-weiß.

Zeichne große und kleine Quadrate auf dein Blatt.
Zerlege die Quadrate so, dass Muster entstehen.
Male farbig aus oder schwarz-weiß.

Zeichne große und kleine Quadrate auf dein Blatt.
Zerlege die Quadrate so, dass Muster entstehen.
Male farbig aus oder schwarz-weiß.

Zeichne große und kleine Quadrate auf dein Blatt.
Zerlege die Quadrate so, dass Muster entstehen.
Male farbig aus oder schwarz-weiß.

KINDERLÖSUNGEN:

SIMON

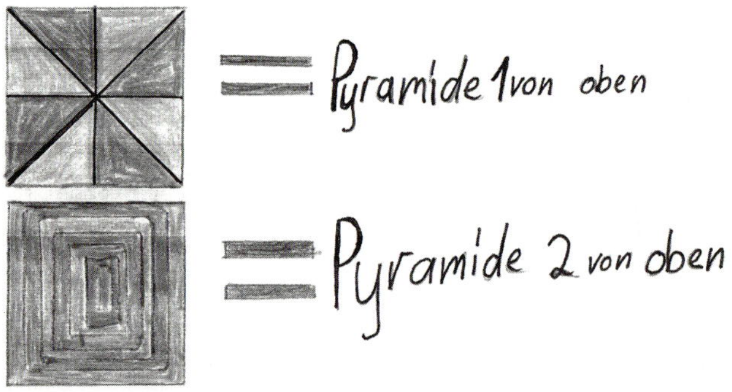

LISA

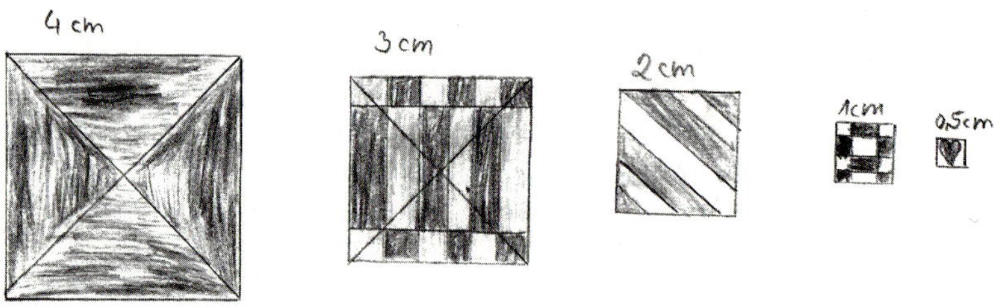

DIAGNOSTISCHE BEOBACHTUNGEN UND FÖRDERASPEKTE:

Die geometrische Aufgabe machte den Schülern Spaß und konnte nach anfänglichem Erläuterungsbedarf von allen zur eigenen Zufriedenheit bewältigt werden. Die Schülerproduktionen lieferten vielfachen Anlass zu weiteren Betrachtungen: Teilfiguren konnten identifiziert und Symmetrien bestimmt werden. Rechte Winkel wurden entdeckt und parallele Linien. Beziehungen zu räumlichen Darstellungen wurden geknüpft, zu denen bezüglich der vorliegenden Beispiele *Simon* Anlass gab.

KATHARINA

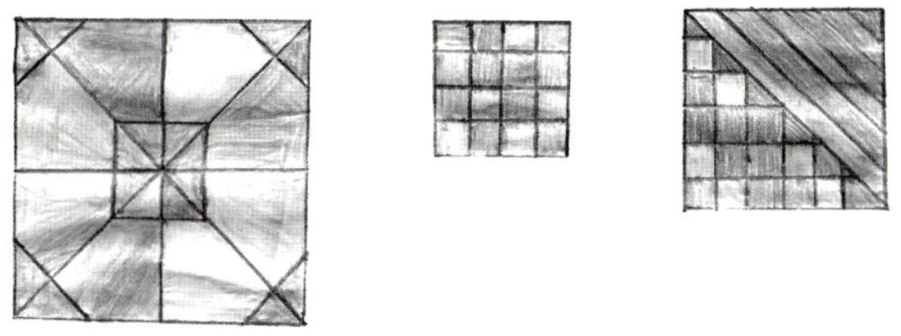

LISA N.

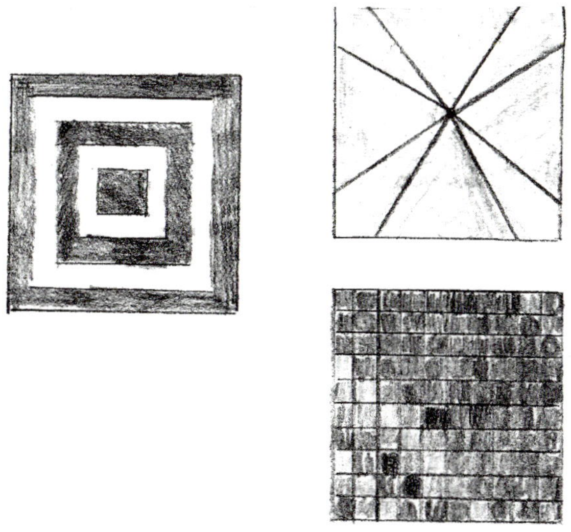

SEPTEMBER
OKTOBER
NOVEMBER
DEZEMBER
JANUAR
FEBRUAR
MÄRZ
APRIL
MAI
JUNI
JULI
AUGUST

Schreibe Rechentexte zum Teilen.

ÜBUNGSINHALT, ÜBUNGSZIEL:

Da die Schüler beim Schreiben von Sachaufgabentexten häufig die Multiplikation und Division als mögliche zugrunde liegende Operationen aussparten, wurde der obige Auftrag aufgegriffen. Die Schülerproduktionen sollten Aufschluss darüber geben, inwieweit die Division über das formale Rechnen hinaus verstanden wurde und wie flexibel mit ihr umgegangen werden kann. Auch den leistungsschwächeren Schülern trauten wir inzwischen das Formulieren von Situationen zu, die zum Dividieren führen.

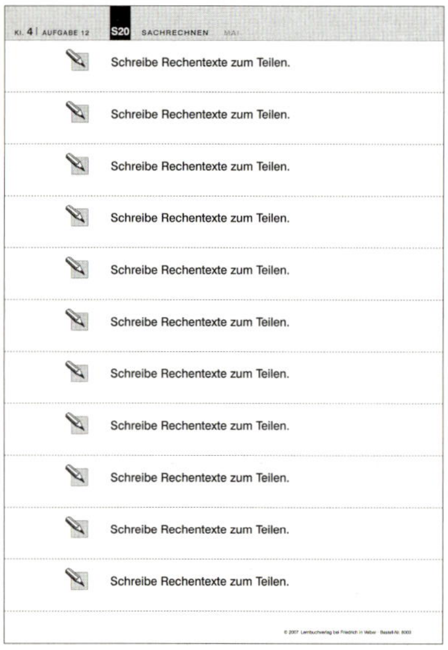
Kl. 4 | AUFGABE 12 S20 SACHRECHNEN

Schreibe Rechentexte zum Teilen.
Schreibe Rechentexte zum Teilen.
Schreibe Rechentexte zum Teilen.
Schreibe Rechentexte zum Teilen.
Schreibe Rechentexte zum Teilen.
Schreibe Rechentexte zum Teilen.
Schreibe Rechentexte zum Teilen.
Schreibe Rechentexte zum Teilen.
Schreibe Rechentexte zum Teilen.
Schreibe Rechentexte zum Teilen.
Schreibe Rechentexte zum Teilen.

KINDERLÖSUNGEN:

KATHARINA

Eine Mutti kauft für 2 Kinder zwei Pakungen Butterkekse.
~~Die Kinder machen die erste Pakung auf~~
In jeder Pakung sind 30 Kekse. Die Kinder machen die erste Pakung auf. Sie essen 10 Kekse auf. Jetzt haben sie noch 20 Kekse.

Frage: Wie muss man rechnen ~~um~~ das jedes Kind gleich viele Kekse bekommen?

ISABEL

Eine Eisdiele hat 34 Sorten von Eis. Aber die Firma Abrafax liefert nur noch die hälfte der Eissorten. Wie viele Eissorten hat die Eisdiele noch?

Eine Schulklasse hat 22 Kinder. Sie gehen auf einen Rundgang im Kika. Sie teilen sich in 3 gruppen. Wieviele Kinder sind in jeder Gruppe?

DIAGNOSTISCHE BEOBACHTUNGEN UND FÖRDERASPEKTE:

Inzwischen konnten alle Schüler Rechentexte zum Teilen schreiben (*vgl. Kl. 3, Aufgabe 10*). Bei den leistungsschwächeren Schülern fiel auf, dass sie ihre Absicht nicht immer so eindeutig und klar darstellen konnten (vgl. *Katharina*). Dies gelang den anderen Leistungsgruppen zum Ende der vierten Klasse hin schon gut. Ein großer Teil der Schüler bemühte sich, den Sachaufgaben einen besonderen Anspruch zu geben. Dieses Bemühen zog sich durch alle Leistungsgruppen: *Katharina* erhöhte die Schwierigkeit, indem sie vor dem Teilen erst noch einmal einen Teil der Kekse aus der Packung herausnehmen lässt. *Isabel* lässt von 22 Kindern drei Gruppen bilden, bezog also bewusst einen Rest ein, mit dem die fiktiven Lösenden umgehen sollten. *Lisa* veranlasst die Mutter, nicht 12 € zu spendieren, sondern 12,50 €, was den Teilvorgang erschwert. *Simon* formulierte seinen Rechentext so, dass die Anzahl der Kinder, die sich den Kuchen teilen, nicht sofort sichtbar ist. *Sebastian* und *Dominic* formulierten ohnehin anspruchsvolle Aufgaben. *Dominic* konnte dabei sein Wissen über gebrochene Zahlen einsetzen.

LISA

Tanja und Claudia helfen ihrer Mutter beim Bücher einsortieren. Dafür bekommen sie weil es so viele Bücher waren 12,50€. Sie wollen das Geld gerecht aufteilen.

Frage: Wie viel Geld bekommt jeder?

SIMON

Mark hat Geburtstag. Er lädt noch 2 Kinder ein. Sie haben auch einen Kuchen, der in 6 Teile aufgeteilt wird.

Wie viele Kuchenstücken bekommt jedes Kind?

SEBASTIAN

3 Kinder spielen Canasta. Ein Canastastapel hat 64 Karten. Am Anfang bekommt jeder 13 Karten. ~~Pro~~ Runde zieht jeder 1 Karte. Wie viele Runden brauchen sie um den ganzen Stapel aufzubrauchen?

DOMINIC

In einen Sportunterricht sind 17 Kinder sie dürfen sich aus schuchen was sie machen. 3 Die andere Klasse kommt dazu (21 Kinder). 3 ⇒ Ein Drittel spielt Fußball ein Drittel spiel 2 Volkerball ein drittel spielt Ball über die Schnur

Wieviele Kinder spielen Fußball, Volkerball, Ball über die Schnur.

**„Eine Million? Wie viel ist das, das kann ich mir nicht vorstellen“, sagt ein Kind.
Wie würdest du es erklären? Schreibe auf.**

ÜBUNGSINHALT, ÜBUNGSZIEL:

Offene Aufgaben spiegeln immer auch die geleistete Unterrichtsarbeit wider. Besonders ein solcher Auftrag kann zeigen, ob die angeeigneten Kenntnisse eher formal sind (z. B. wie viele Nullen diese Zahl hat) oder mit verschiedenen inhaltlichen Bezügen verbunden werden können.

Kl. 4 | AUFGABE 13 | Z14 | ZAHLEN UND ZAHLENBEZIEHUNGEN | JUNI

„Eine Million? Wie viel ist das, das kann ich mir nicht vorstellen“, sagt ein Kind.
Wie würdest du es erklären? Schreibe auf.

„Eine Million? Wie viel ist das, das kann ich mir nicht vorstellen“, sagt ein Kind.
Wie würdest du es erklären? Schreibe auf.

„Eine Million? Wie viel ist das, das kann ich mir nicht vorstellen“, sagt ein Kind.
Wie würdest du es erklären? Schreibe auf.

„Eine Million? Wie viel ist das, das kann ich mir nicht vorstellen“, sagt ein Kind.
Wie würdest du es erklären? Schreibe auf.

„Eine Million? Wie viel ist das, das kann ich mir nicht vorstellen“, sagt ein Kind.
Wie würdest du es erklären? Schreibe auf.

„Eine Million? Wie viel ist das, das kann ich mir nicht vorstellen“, sagt ein Kind.
Wie würdest du es erklären? Schreibe auf.

„Eine Million? Wie viel ist das, das kann ich mir nicht vorstellen“, sagt ein Kind.
Wie würdest du es erklären? Schreibe auf.

KINDERLÖSUNGEN:

SEBASTIAN

Eine Million hat 6, ~~[illegible]~~ 0.
Die Million sieht so aus 1.000.000.
Stell dir vor eine 10 · 10 = 100 · 10 = 1000 · 10 = 10.000 · 10 = 100.000 · 10 = 1.000.000

VINCENT

Es ist eine hohe Zahl! Es ist da 4-Fache von 250 tausent und das doppelte von 500.000.
Ein Milioner hat ~~to~~ meistens 1000.000 oder mehr.
Eigentlich hört man es am Wort schon „Milioner“.

DIAGNOSTISCHE BEOBACHTUNGEN UND FÖRDERASPEKTE:

Alle konnten etwas zur Erläuterung der Million beitragen. Die Schüler unterzogen die Zahl einer Analyse aus ihrer Sicht und sie wurden angeregt, die Sprache (Alltagssprache und Fachsprache) einzusetzen. Am häufigsten war zu lesen, „eine Eins mit sechs Nullen“, „eine große Zahl“, „viel Geld“. Aber es gab auch spezifischeres Wissen, wie die Beispiele zeigen. Deutlich spiegelten sich bei dieser Aufgabe im Unterricht gewonnene Kenntnisse wider. Es könnte im auswertenden Gespräch diskutiert werden, wie man sich der Größe dieser Zahl nähern kann: über die Anzahl der Stellen, bzw. die Anzahl der Nullen, über das Verzehnfachen (vgl. *Sebastian*), über die Beziehung von Teil und Ganzem (vgl. *Vincent*), über die verschiedenen Zehnerpotenzen (vgl. *Simon*), über die Vorstellung und den Umweltbezug. (vgl. *Lisa* und *Lisa N.*).

SIMON

1000000 besteht aus einer eins und aus sechs nullen.
Sie hat 999999 Einer mehr als eine 1.
Erst kommt der Einer, dann der Zehner, Hunderter,
Tausender, Zehntausender, Hundertausender und zum
Schluss die 1.000000

neunhundertneunundneunzigtausendneunhundertneunundneunzi

MARIE

1000.000
Ist eine Eins mit
6 Nullen dran.
1000.000
Ist eine große Zahl.

Eine Miljon müsste
man haben.

LISA

Du musst dir ein ganz großes Feld mit vielen verschiden-
en Blumen vorstellen. Eine Million ist eine eins mit sechs
nullen. Sie sieht so aus 1000.000. Eine ist sehr viel.
Doch zwei, drei oder vier Millionen sind noch viel mehr.
Nach der Million kommen noch andere Zahlen. Diese sind
noch viel viel größer.

LISA N

Was ist eine Million?

Eine Million sehr viel Geld. So viel Geld hebt
man meistens in einer Bank auf. Eine
Million könnte aus vielen Münzen und Scheinen
bestehn. Z.B. aus 10ner Scheinen oder
50er Scheinen oder .... , oder aus
1er und 2er Münzen. Also betsteht eine
Million aus vielen kleinen und großem Geld.
Mit eine Million könnet man vieles kaufen!

ZAHLEN UND ZAHLENBEZIEHUNGEN

- Notiere deine Hausnummer und schreibe alles auf, was du über diese Zahl weißt.
- Wähle ungerade Zahlen aus, die du (ohne Rest) durch 3 teilen kannst.
- Multipliziere Zahlen mit 11. Schreibe deine Entdeckungen auf.
- Wähle eine große Zahl und versuche, sie anschaulich darzustellen.
- Finde Zahlen, die man durch 2, durch 3 und durch 4 teilen kann.
- Welche Zahlen kommen nach den Millionen? Schreibe auf, was du darüber weißt.

RECHNEN

- Schreibe viele mehrstellige Zahlen untereinander und addiere sie. Versuche, ohne Fehler zu rechnen. Rechne mit dem Taschenrechner nach.
- Bilde Subtraktionsaufgaben. Schreibe eine größere Zahl als Minuenden auf. Subtrahiere von dieser Zahl schriftlich mehrere andere Zahlen.
- Bilde Subtraktionen, bei denen die Differenz klein ist.
- Bilde Subtraktionen, bei denen die Differenz groß ist.
- Bilde Subtraktionsaufgaben. Im Minuenden sollen Nullen stecken.
- Wähle eine einstellige Zahl und multipliziere sie im Kopf mit anderen Zahlen. Schreibe die Aufgaben auf.
- Notiere Divisionsaufgaben, die du gut im Kopf rechnen kannst.

GEOMETRIE

- Zeichne rechte Winkel und entwickle daraus geometrische Figuren.
- Zeichne Geraden, die senkrecht zueinander sind. Entwickle daraus geometrische Figuren.
- Zeichne Geraden, die parallel zueinander sind. Entwickle daraus geometrische Figuren.
- Zeichne quaderförmige Verpackungen.

SACHRECHNEN

- Denke über ein dir bekanntes Spiel nach, bei dem Punkte gesammelt werden und der Spieler, der die meisten Punkte hat, der Sieger ist. Notiere den Namen des Spiels und erläutere es, erstelle eine Punkteliste und lege den Sieger fest.
- Schreibe einen Rechentext, bei dem multipliziert und addiert werden muss.
- Schreibe eine Sachaufgabe, bei der mehrere Größen miteinander verglichen werden müssen.
- Schreibe eine Einkaufsrechnung vom Wochenendeinkauf.
- Notiere deine Einnahmen und Ausgaben der letzten Woche.
- Skizziere freihändig Strecken, die eine Höhe markieren. Schätze die entstandenen Höhen und schreibe die Maße daran, miss nach und korrigiere die Schätzungen.
- Schreibe Umrechnungen, bei denen die Umrechnungszahl 1.000 eine Rolle spielt.
- Erläutere die 4 Jahreszeiten in Zahlen. Schreibe alles darüber auf, was du weißt.

v. Aster, M. (2002): Testverfahren zur Dyskalkulie. ZAREKI. Frankfurt a. M.: Swets & Zeitlinger.

Bardy, P./Hrzán, J. (2005): Aufgaben für kleine Mathematiker – mit ausführlichem Lösungsteil und didaktischen Hinweisen. Köln: Aulis Verlag Deubner.

Baum, Monika/Wielpütz H. (Hrsg., 2003): Mathematik in der Grundschule. Das Arbeitsbuch. Seelze: Kallmeyer.

Beck, E./Guldimann, T./Zutavern, M. (Hrsg., 1995): Eigenständig lernen. St. Gallen: UVK.

Blum u.a. bzw. **Klieme** zur Aufgabenentwicklung im Rahmen der Bildungsstandards.

Caluori, Franco (2005): Die numerische Kompetenz von Vorschulkindern – Theoretische Modelle und empirische Befunde. Hamburg: Dr. Kovacs.

Franke, M. (2003): Didaktik des Sachrechnens in der Grundschule. Heidelberg: Spektrum.

Franke, M. (2000): Didaktik der Geometrie. Heidelberg: Spektrum.

Gaidoschik, M. (2003): Rechenschwäche – Dyskalkulie. Persen.

Gallin, P./Ruf, U. (1990): Sprache und Mathematik in der Schule. Zürich: LCH.

Grassmann, M. (2004): Aufgaben für Matheasse. Hannover: Schroedel.

Grassmann, M./Klunter, M./Köhler, E./Mirwald, E./Raudis, M./Thiel, O. (2002) und (2003): Mathematische Kompetenzen von Schulanfängern. Teil 1 und Teil 2. Potsdamer Studien zur Grundschulforschung 30 und 31.

Hasemann u. a. (2003): OTZ.

Hasemann, K. (2003). Anfangsunterricht Mathematik. Heidelberg: Spektrum.

Hasemann, K. (1998). Die frühe mathematische Kompetenz von Kindergartenkindern und Schulanfängern. Beiträge zum Mathematikunterricht. Hildesheim: Franzbecker.

Hasselhorn u.a. (2005a): RZDI.

Hasselhorn, M. (2005b): Diagnostik von Mathematikleistungen. Hogrefe.

Hengartner, E./Wälti, B. (2006; Hrsg.): Lernumgebungen. Zug: Klett/Balmer.

Hengartner, E. (Hrsg.,1999): Mit Kindern lernen. Standorte und Denkwege im Mathematikunterricht. Zug: Klett und Balmer Verlag.

Hubacher, E. (1999): Aufgreifen auf Neues: Rechnungen, die 40 geben. In E. Hengartner (Hrsg.): Mit Kindern lernen. Zug: Klett und Balmer Verlag.

Krajewski/Schneider (2005): DEMAT 1+ bis 6+.

Lorenz, J. H. (2006): Grundlagen der Förderung und Therapie. Wege und Irrwege. In: v. Aster, M./Lorenz, J. H. Rechenstörungen bei Kindern. Göttingen: Vandenhoeck & Ruprecht.

Moser Opitz, Elisabeth (2001): Zählen, Zahlbegriff, Rechnen. Bern: Verlag Paul Haupt.

Müller/Wittmann (Hrsg. 2004): Arithmetik.

Padberg, F. (2005): Didaktik der Arithmetik für Lehrerausbildung und Lehrerfortbildung. München: EISEVIER.

Peter- Koop, A. (Hrsg., 1998): Das besondere Kind. Offenburg: Mildenberger.

Peter-Koop, A. (Hrsg. 2003?): Gute Aufgaben im Mathematikunterricht. Offenburg: Mildenberger.

Radatz, H./Schipper, W./Dröge, R./Ebeling, A. (1998): Handbuch für den Mathematikunterricht. 2. Schuljahr. Hannover: Schroedel.

Radatz, H./Schipper, W./Dröge, R./Ebeling, A. (1999): Handbuch für den Mathematikunterricht. 3. Schuljahr. Hannover: Schroedel.

Radatz, H./Schipper, W./Dröge, R./Ebeling, A. (2000): Handbuch für den Mathematikunterricht. 4. Schuljahr. Hannover: Schroedel.

Rasch, R. (1997): Das Abenteuer Zahl in Klasse 1 und darüber hinaus. In: Grundschulunterricht, Heft 6, 1997, S. 18–20.

Rasch, R. (2001): Zur Arbeit mit problemhaltigen Textaufgaben im Mathematikunterricht der Grundschule. Hildesheim: Franzbecker.

Rasch, R. (2003): 42 Denk- und Sachaufgaben. Seelze: Kallmeyer.

Rasch, R. (2003): Unterschiedliche Leistungsfähigkeit im Mathematikunterricht der Grundschule. In: Beiträge zum Mathematikunterricht. Hildesheim: Franzbecker.

Ruwisch, Silke/A. Peter Koop (Hrsg., 2003): Gute Aufgaben im Mathematikunterricht der Grundschule. (2 x Bibliothek; 1 x Handapparat).

Schütte, S. (2004): Mathematikunterricht zwischen Offenheit und Lenkung – Zum Verhältnis von Konstruktion und Instruktion bei mathematischen Lernprozessen. In: Esslinger, I./Hahn, H. (Hrsg.). Kompetenzen entwickeln – Unterrichtsqualität in der Grundschule steigern. Baltmannsweiler.

Selter, Ch. (1993). Eigenproduktionen im Arithmetikunterricht der Primarstufe. Wiesbaden: Deutscher Universitätsverlag GmbH.

Steinweg, A. S. (2000): Zur Entwicklung des Zahlenmusterverständnisses bei Kindern. Münster: LIT Verlag.

Titus/Guldimann (Hrsg.; 2005): Bildung 4–8 Jähriger. Waxmann.

Walther, G. (2005): SINUS-Projekt. Teil: Gute Aufgaben.

Winter, H. (1989): Entdeckendes Lernen im Mathematikunterricht. Braunschweig: Viehweg.

Wittmann, E. Ch./Müller, G. N. (1990): Handbuch produktiver Rechenübungen, Bd. 1. Stuttgart: Klett.

Wittmann, E. Ch./Müller, G. N. (1992): Handbuch produktiver Rechenübungen, Bd. 1. Stuttgart: Klett.

* Die Literaturhinweise beziehen sich auf beide Bände dieser Reihe.

PETER GEERING · MARIANNE KUNATH

Atlas Mathematik

Das neue Lehrwerk für den offenen und differenzierten Mathematikunterricht in der Grundschule

Lernbuch 1
128 Seiten, DIN A4, Spiralbindung

Lernbuch 2
144 Seiten, DIN A4, Spiralbindung

Lernbuch 3 + 4 in Vorbereitung
(3. Schuljahr erscheint 2007)

Die Lernbücher „Ich kann Mathematik“ ermöglichen den Kindern, die Mathematik auf unterschiedlichen Lernwegen zu entdecken und zu begreifen. Im Vordergrund steht das eigenständige Arbeiten mit den Büchern. Die Lehrkraft initialisiert, steuert und beobachtet den individuellen Lernprozess und gibt den Kindern Hilfestellungen und weiterführende Anregungen.

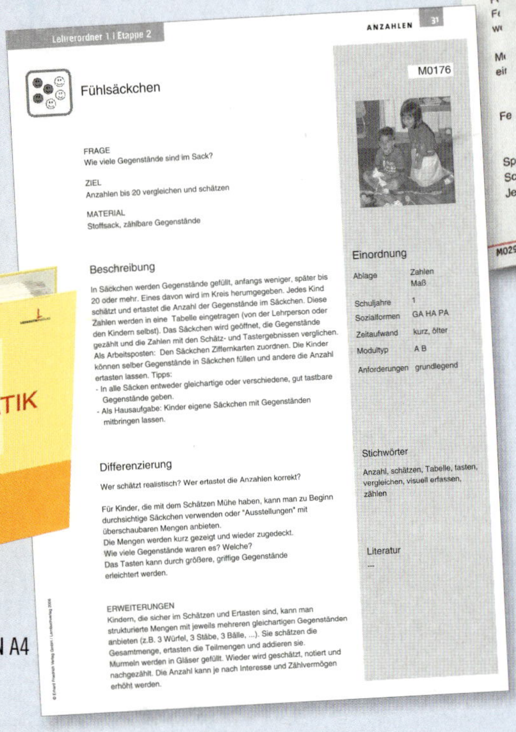

Lehrerordner 1 + 2
je ca. 250 Seiten, DIN A4

Lehrerordner 3 + 4
in Vorbereitung
(3. Schuljahr erscheint 2007)

Lernzielblätter 2
80 Seiten, DIN A4, geheftet

Lernzielblätter 3 + 4
in Vorbereitung
(3. Schuljahr erscheint 2007)

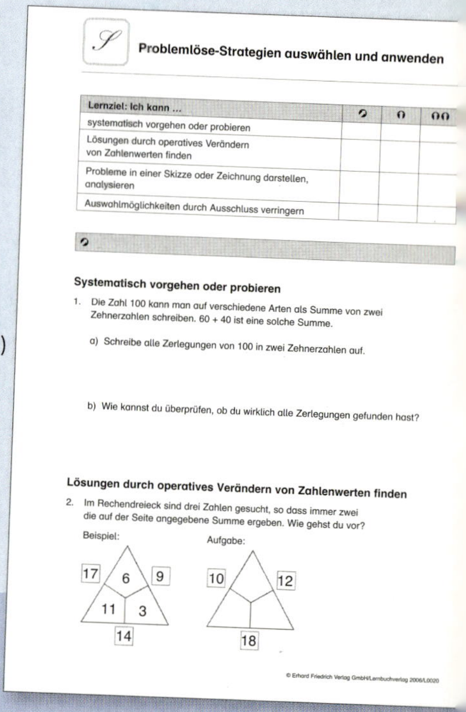

Lehrerordner mit Informationen und Werkzeugen zur individuellen Beobachtung und Förderung der Schüler.
Das Schuljahr ist in Etappen unterteilt, die alle Lernzielvorgaben eines Jahres abdecken.

Lernzielblätter ab Klasse 2 zur individuellen Lernstandsbestimmung. Über die Auswertung erhalten Sie konkrete Hinweise zum Förderbedarf eines jeden Schülers.

Begleitmaterialien zum Atlas Mathematik

Zahlenposter Einspluseins-Tabelle, Einmaleins-Tabelle und Reihen am Zahlenband.
3 Poster im Format A0 (118,9 x 84,1 cm)

Lernkarteien zum Einspluseins und Einmaleins in praktischer Kartenbox.

LERNBUCH VERLAG

FRIEDRICH

Auslieferung über:
Friedrich Verlagsservice GmbH
Postfach 10 01 50 · 30917 Seelze
Tel.: 05 11/4 00 04- 150 · Fax: 05 11/4 00 04- 170
E-Mail: leserservice@friedrich-verlag.de

Mehr Infos unter:
www.lernbuchverlag.de